U0504500

唐法史源

〔德〕卡尔·宾格尔 著

金晶 译

商务印书馆
The Commercial Press
创于1897

Karl Bünger

Quellen zur Rechtsgeschichte der T'ang-Zeit

© Institut Monumenta Serica

本书根据德国 Steyler 出版社 1996 年版译出

序　一

卡尔·宾格尔教授是我十分熟悉的老朋友，也是西方汉学和唐代法律史学界最为优秀的学者之一。我于1940年至1948年就读于东吴大学，当时法律系的系主任费青教授早年从东吴大学毕业后留学德国柏林大学，回国后负责东吴大学法律系的工作。费青教授和宾格尔教授很早就在德国相识，彼此非常熟悉，是多年老友。我是费青教授的学生，所以也是通过费青教授有幸认识和接触了宾格尔教授。宾格尔教授和我们联系密切，曾多次参加东吴大学法律系毕业班的活动。宾格尔教授十分热爱中国和中国文化，在学术上非常了解中国。由于他是熟悉中国文化的中国通，所以当时的德国政府才安排他担任德国大使馆驻北平的法律顾问。尽管中德两国是二战交战国，但是宾格尔教授在政治上立场中立，个人对中国的态度非常友好和朴实。

卡尔·宾格尔教授能够研究唐代法律史是非常了不起的，德国人能够对中国的唐律感兴趣并进行专门研究，这也是很少有的。宾格尔教授对唐律的研究认真深入，也是这个领域的权威，是我所了解的西方世界数一数二的唐律专家。中国的法律史研究，包括日本在内，专门针对唐代法律史的研究并不多，而宾格尔则专攻唐律研究，这是非常罕见的。通常而言，德国对本国的法律文化往往十分自豪，宾格尔能够反其道而行之，对中国的唐律感兴趣并展开专门研究，这是难能可贵的。宾格尔教授视野开阔客观，他对中国唐律的研究能够帮助西方世界了解中国文化，在这一点上，宾格尔教授做出了巨大的贡献。

卡尔·宾格尔教授的《唐法史源》能够在商务印书馆出版是恰如其分的。商务印书馆历史悠久，为中国古代文化的传播做出了巨大贡献，中国的史书如《四部丛刊》就是在商务印书馆出版。因此，宾格尔教授这部专论中国唐代法律史的杰作能够在商务印书馆出版，十分可贵。

金晶博士能将此书译成中文，我感到十分意外，但却非常欣慰。我阅读了宾格尔教授的 *Quellen zur Rechtsgeschichte der T'ang-Zeit* 原著，也阅读了《唐法史源》译稿。宾格尔教授的原著论述客观，研究深刻，作为一位研究汉学的德国学者，教授回溯到《新唐书·刑法志》和《旧唐书·刑法志》等原始中文史料展开研究，体现了西方学者认真的学术态度和治学追求，这是值得称赞的。金晶博士留德五载，是中国政法大学培养的优秀高材生，她能够在学成后回国继续努力从事学术研究，让我非常欣慰和感佩。我通读了译稿，译文流畅可诵，文风淡雅，体现了译者的中文修养，我很欣赏。译事艰难，年轻一代的学者愿意付出时间和心血，将这样一部有关唐代法律史的深刻的作品译成中文，忠实流畅，难能可贵。看到这部昔日老友的代表作中译本的完成，此中的喜悦和欣慰，难以言表，故欣然作序，谨此推介。

潘汉典

2015 年 1 月 14 日

序　二

　　金晶教授翻译德国法学与汉学学者卡尔·宾格尔教授在 1946 年出版之《唐法史源》一书并将在商务印书馆出版，这对于中国法制史学界具有重要意义。

　　卡尔·宾格尔教授于 1928 年，在德国柏林完成法学与汉学的学位。1931 年在图宾根大学取得法学博士学位，并于 1951 年跟着德国著名汉学家沃尔夫冈·弗兰克（Wolfgang Franke）在图宾根大学完成汉学（Sinologie）教授资格论文。宾格尔教授于 1945 年后曾经在上海苏州大学与同济大学教授欧洲法与比较法相关课程，他同时是一位知名的外交官，曾经是德国在韩国、中国香港等地之大使。

　　作为一位受到当代德国法学严谨训练的法律人，宾格尔教授终生以研究传统中国法律，尤其是唐朝法律作为职志。他不仅发表关于传统中国法律的相关文章，并在 1934 年至 1938 年之间向德国读者介绍当时中国法律改革状况；例如介绍当时中国私法与程序法的订定，介绍关于中国民法与商法，尤其是票据法之订定。

　　读者阅读宾格尔教授本书中关于唐代法律渊源之著作时，一定会讶异于他对于唐代历史与法规范体系的深入理解。这本书在 1946 年出版之后，在 1996 年由德国 Steyler 出版社再度出版。对于欧洲学习汉学者而言，这本书是了解唐代历史与唐代法律制度的经典作品。虽然本书第一版出版时间距离 2018 年的今日有 70 多年之久，但本书对于《新唐书》《旧唐书》《唐会要》《唐六典》《唐律疏议》等史料中关于传统中国法律制度说明与评价至今影响着西方汉学家对于唐代的理解。更让人惊讶的是，宾格尔教授除了熟悉上述唐代法规范有关的重要文献外，也在本书中论及《唐大诏令集》《通典》《太平御览》及《古今图书集成》等书有关法律制度之记载。

读者或许会问，为何宾格尔教授作为一个受到当代德国法学教育的学者，终其一生如此投入研究唐代法律？我作为在德国取得法学博士学位并在过去 30 多年致力于传统中国法制之研究者，根据我的研究经验，我认为，应该是传统中国法律的系统性与体系性之内涵吸引他。对于西方多数法学者而言，由于无法像宾格尔教授一样亲自阅读传统中国法律相关文献，因此无法对于传统中国法律制度做出合理的评价。如果当代法学者能够阅读传统中国法律相关文献并从平等的角度加以理解，他们也会跟宾格尔教授一样受到吸引。

读者从本书的几段话可以了解宾格尔教授如何超越自己社会法规范或法学的思维，看到传统中国法文化的特色并希望让西方社会有所理解。他在 1946 年出版序言提到：

> 本书所用研究素材仅限于唐代法律史和司法判决的重要史料。本书略过了《唐六典》中《尚书刑部》《御史台》和《大理寺》三项卷章，这些内容大多关涉司法组织、诉讼法和行刑，

这一领域可单独另作研究。笔者期望能以本书有限内容，为改善对中国法了解甚少的现状，略尽绵力。

本书第四章从方法论谈如何认识中国传统法律。宾格尔教授提出 20 世纪 40 年代，西方法学者进行法律比较时，往往从法律渊源切入，例如从立法、习惯、司法判决或司法实践以及法学等角度分析法律渊源。但是，他认为用这种法律渊源分类分析中国传统法并不恰当也不适宜。

另外，他观察唐朝皇帝对于康买得救父杀人案以及梁悦为父复仇杀人案，提出中国皇帝引用经典进行裁决的原因：

皇帝在对上述两则案例做出裁决时引经据典的原因有三。其一，当时的律法规定僵硬，难以适用；其二，即使适用了当时的律法，得出的结果也显失公正；其三，皇帝在引经据典时亦遵循了特定的格式，因而可以确定，这些经典言说对案件的裁决而言，具有拘束力。基于此点，视经典言说为法律规范，视经典典籍为法律渊源，倒也合乎情理，这与外邦法中以《圣经》或《古兰经》作为法律渊源加以援引十分相似。

但，同时他根据他的法学知识，对于传统中国经典典籍作为法律渊源，做了如下的评价：

然而，作为法律渊源，经典典籍尚不能与律、令、格、式这四种法律渊源相提并论。首先，经典典籍绝非律法，且无足够证据证明，源自经典典籍的注文曾经属于较早的律文。经典典籍所载的规则更多的是一些一般法律原则，欧洲法上也存在着这种一般性的法律原则，但是，法律对这些一般性的原则不作明确规定。其次，经典典籍既非习惯法，亦非学说……

宾格尔教授关于唐朝法律的研究除了金晶教授所翻译的本书外，他从 20 世纪 40 年代就开始进行《唐律疏议》德文翻译工作。我在 1994 年前后，通过汉学家李雅瑞（Astrid Linpinsky）女士安排，在宾格尔教授位于波恩的住所中，看到他厚厚一叠《唐律疏议》的翻译稿，当时他提到花了许多时间进行翻译《唐律疏议》的工作并对其进行研究注解。目前这个《唐律疏议》德文翻译本由德国出版社委托德国明斯特大学汉学教授协助校定中，何时能够出版尚未确定。

本书的出版可以让读者了解一个认真、执着的德国法学者如何向西方介绍唐代法律制度并对其给予高度评价。读者阅读本书时，尤其要注意到宾格尔教授在说明唐代跟法律有关之相关史料时，如何进行注解。这些注解说明他作为一位法学家与汉学家，如何跨文化的看待传统中国法律；同时也使读者了解 20 世纪 40 年代西方汉学对于中国传统法律的理解状况。

金晶教授《唐法史源》的翻译工作精确且文字优美，更重要的是她在翻译过程中，努力恢复宾格尔教授所运用之唐代相关文献史料，让读者更能了解本书所运用之原始史料面貌。作为一个当代民法学研究者，金晶教授愿意花费如此大的心力，进行本书的翻译工作，让当代华人社会的读者了解欧洲 20 世纪最重要的法学与汉学家评价唐代法律相关史料的视野，让人敬佩。我仅以此序向宾格尔教授及金晶教授致意。

陈惠馨

2018 年 8 月写于涵碧园

目　　录

卷二　译本

卷三　索引和列表

首版序言

一

　　这部作品所涉范畴本应更广。首先，译本还应收录《唐六典》具有法学意义的三卷内容以及《唐会要》的某些篇章。其次，正文亦应涉及唐代立法和司法的基本原则，这些基本原则对于中国"法概念"而言，至关重要且具有特征性，例如法的连续性理念，天人合一观念对法的影响，法律文本不宜过于艰深复杂之思潮以及书中随处可见的慎恤原则等等，但对此笔者仅一笔带过，不作细述。再次，索引和列表有关唐代机构及官职目录中，还应注明各名称的相应别名。最后，本书还应编制涵盖全书的专业法律术语索引。以上种种，笔者仅完成了其中之一部，即《唐六典》相应卷章的翻译以及官职目录的扩编，但若再次通读整理上述内容并付梓出版，仍需大量时间精力，囿于时间所限，该部分内容的出版，只能寄望于未来了。

　　即便如此，本书仍不失完整。本书所用研究素材仅限于唐代法律史和司法判决的重要史料。本书略过了《唐六典》中《尚书刑部》《御史台》和《大理寺》三项卷章，这些内容大多关涉司法组织、诉讼法和行刑，这一领域可单独另作研究。笔者期望能以本书有限内容，为改善对中国法了解甚少的现状，略尽绵力。

xx　　此外，笔者仅在注释、理解本书所涉案件，或就本书援引律法规定确有必要时，才会涉及唐代实体法的内容。笔者认为，只有同时掌握《唐律疏议》中文本，方能深入探讨唐代实体法。尽管笔者已完成了《唐律疏议》中文本的翻译工作，但尚不成熟，付梓出版仍需时日。

二

本书既面向法学学者，也面向汉学学者。法学和汉学作为两门不同学科，其工作方法和观察视角有所差异。尽管笔者试图在翻译中兼顾两门学科的自身特点，但仍无法回避法学与汉学提出的各种疑问。例如，法学学者或认为，本书注释包含了许多语言学方面的材料，有些内容略显多余，而且史料本身的法学意义不甚明确。笔者以为，本书前期工作未能覆盖文本评论、词汇、概念等语言学问题，故有必要进一步进行语言学研究，这些内容也因而成为研究的"新大陆"，其中的具体问题如何解读亦有待继续论证。但准备这样一部语言学作品耗时耗力，若要以此来扩充本书卷一正文部分内容，时间上有所不足。

另一方面，汉学学者或认为，本书卷一提出的问题以及对概念的讨论，均过于法学化，不具有可读性。必须承认，笔者写作初衷，只是想以自己的工作方法，立足个别技术问题与个案，撰写一部篇幅较小的作品而已。因此，撰写过程中，笔者有意省略了一般性的哲学或国家政治方面的观点。鉴于目前汉学界对诸如儒法之争、礼

法关系这些一般性的问题尚无定论，故而笔者的上述工作只是为解 XXI
决这些问题提供材料支持，以抛砖引玉。而深入研究上述问题，仍
需另待时机。此外，本书也无法回避阐释法技术的问题。尽管如
此，笔者依然希望，汉学学者能够通过阅读本书而有所收获。

本书翻译的重心在于重述史料的法律实质意义，仅在逐字翻译
语句令读者难以理解或意义不明的情形下，才会意译。

三

衷心感谢辅仁大学及其校务长、圣言会雷冕博士（Dr. R.
Rahmann），尤其感谢《华裔学志》编辑部对于本书付梓出版所给予
的热情学术支持，使本书能忝列《华裔学志》的专著系列。

感谢方志彤先生（Achilles Fang）帮助笔者熟悉中文文本。方
先生虽非法学中人，却以渊博的汉学知识和必要的学术批判的工作
方法，极大地启发了笔者的研究。笔者撰写本书及后续研究亦仰赖
方先生一贯的热情激励。

圣言会 Pater E. Feifel 神父与 W. Fuchs 博士对本书的翻译和史
料提出了宝贵意见，W. Franke 博士和 I. Martin 博士均校读本书，
Lin Sheng-kuan 女士为本书索引部分的完成提供了大力支持，E.
Göldner 女士在百忙之余鼎力协助本书手稿的完成，在此一并致以
诚挚谢意。

卡尔·宾格尔
1946 年 5 月，北平

卷一

正文

第一章　中国法律史上的唐代

　　笔者以唐代作为法律史研究的对象，原因很多。常有各种论断认为，中国立法可以回溯至《唐律疏议》(*das T'ang Gesetzbuch*)，中国的制定法及其法学理论亦奠定于唐代，这是吸引笔者考证的外因所在。笔者究竟是对此类过于肯定的论断持有本能怀疑，抑或欲以此为契机作深入研究，姑且不论，但至少可以肯定，前述论断是有失偏颇的。无论是法典的外在形式，还是法学理论本身，中国法均可回溯到唐代之前，具体法律制度或早于唐代法典(《唐律疏议》)就已成形。诚然，《唐律疏议》是中国法上现存最早的完整的法典，亦是后世公认的法典范本，但这一事实显然缘于更早的法典早已遗失而无从考证之故罢了。

　　若上述论断有失偏颇，则执着于以唐代作为法学研究开端，就难逃任性之嫌。但是，理性的研究恰应杜绝此种任性专断。原因在于，现代研究原则上应开展合理(精简时间、劳力且卓有成效)的工作，以避免令人认为研究仅为猎奇而已。这一点，自然学科和人文学科均是如此。

　　但此处并无上述偶然或任性。无论是对熟谙中国法律史且了解其对国际比较法的影响而言，还是就理解外观上因外来影响或法律继受而有所混杂，但实质上仍占一席之地的中国经典的法律思想

2　和法律制度而言，研究唐代法律状况与梳理唐代史料渊源，恰是一个技术上的绝佳起点。透过唐法，能够较为纯粹地认识中国法的特殊性、系统性和独立性，这也是中华法系与世界其他几大法系并存的原因之所在。

　　以唐法作为中国法研究的起点，原因之一在于中国历史本身。首先，唐代既是中华帝国政治巩固、内盛外强的时代，也是中华文化鼎盛时期。由于唐代文化远未掺杂外来因素，亦未曾受外来影响，集中体现了中华民族的本质，故可相应认为，唐代的法律制度自始便未受外来影响。其次，唐代亦是儒法之争的终结时期。由于儒家思想深远影响了中国的国家制度，所以，但凡与法有涉的儒家之言，必见诸当时之法。法家则不愿通过礼制，而是主张通过律法来维护国家和社会秩序。因此，就法的国家和社会功能而言，与儒家相较，法家对法概念的认识更接近欧洲的法概念。由于儒法之争涉及中国法上一个——即便不是唯一一个——基本问题，即在制定法、法学理论和法律实践中，（儒法两家）究竟何者更胜一筹，就此，我们可以借助现有的丰富史料首次予以确切回答。不仅欧洲的历史学家认为法家惜败，而且据笔者所知，中国的历史学家即便不是一边倒的，也是多数倾向于此观点。但若从法律视角观察，上述结论并不能令人服膺。

　　以唐法作为中国法研究起点的原因还在于，事实上，现有唐代文献首次为中国法律史的研究提供了充足史料。首先，令人可喜的是，有别于早期文献，唐代的法律史料已汇编成形，无须再从其他文献辑佚。其中首屈一指的便是前文述及的官方评注的完整法典《唐律疏议》。其次，唐代的其他立法文件，尤其是唐令，它们虽已

遗失，但所幸仍能重构部分内容，① 这不仅是唐代之前的王朝，也是 3
唐代以后的部分朝代所不具备的。最后，我们还能部分获得在当时
已开始作为法律渊源的皇帝诏敕。

　　因此，唐法是我们评断后世法典较为可靠的起点。我们不仅能
够确定后世的法典编纂与唐代法典之异同，亦能试图了解新增修改
究竟是与中国固有的法理念相符，抑或受到了外来影响。经由唐代
回溯，能更易理解诸如《书经》《礼记》等古籍中某些语句的意义及
其法学价值。但由于这些经典语句常采用一般性的政治或哲学形
式，所以能否将其归入法的领域，仍有待商榷。但无论是后世法典
对上述语句之体现，还是后世立法或政策探讨对上述语句的屡屡参
考，均能说明，可以将这些古籍中的语句作为法的规范或法的原则
进行讨论。虽然无法断言这些经典语句在当时是否曾被视为法律
制度，但后世在法律层面予以征引，至少为将之纳入法律范畴提供
了论据。

　　研习唐法的另一动因是，唐代律法和其他官方规定对某些东亚
国家具有典范作用，于此笔者仅提及日本和安南＊。研究这些国家的
法律史必会溯及唐代的制度，因此阐释这些制度亦对各自领域之研
究，具有价值。反之亦然，上述国家所继受的中国的法规范，既可
作比较研究之用，亦对我们尝试还原那些已经遗失的中国法律的完
整面貌而言，有所裨益。

---

　　① 　详见第二章有关《唐六典》的描述。
　　＊ 　今越南一带。——译者

第二章　唐代法律史料

一、史料目录 [①]

本书卷二选译篇章取自《旧唐书》《新唐书》与《唐会要》这三部较新的史料。其他史料则仅在例外情况下为比较或补充之用时，才偶有涉及。此外，本书未翻译《唐六典》中颇具价值的篇章，其理由已于前言阐释。

史料（Quellenwerken），既可是唐代的文献资料，就法典而言，如《唐六典》和《通典》；亦可是那些直接使用唐代文献但成形于其他时期的资料；还包括首次使用某一资料撰写而成的文献。

（一）《旧唐书》

正如中国官修史籍通常所载，《旧唐书》于唐代灭亡后撰写而

---

① 后文有关史料目录的描述，笔者主要以下列著作为依据：Des Rotours, *Le Traité des Examens*, Paris, 1932（戴何都：《新唐书·选举志》，巴黎，1932年。以下简称"戴何都"），以及 S. Y. Teng, K. Biggerstaff, *An Annotated Bibliography of Selected Chinese Reference Works*, Peiping, 1936（邓嗣禹、毕乃德：《中国参考书目解题》，北平，1936年。以下简称"邓嗣禹、毕乃德"）。

成。*虽然这部作品的编写工作早在唐末就已准备就绪，但唐末是 5
否已经着手撰写，却值得怀疑①。直至唐灭亡38年后，即公元945
年②，《旧唐书》才得以编撰完成。尽管《旧唐书》称修撰者为"晋朝
高官刘昫"**，但实际上该书的编写工作是由多名下级官员参与进
行。***编纂体例上，《旧唐书》采官修正史通常体例，包括分编年记
载帝王事迹的"本纪""志"和"列传"三部分。其中，"志"共三十
项卷，各卷志的名称依次为礼仪、音乐、历、天文、五行、地理、职
官、舆服、经籍、食货和刑法。《刑法志》作为"志"的第十一项主题，
居于末尾。然而，依照《旧唐书》原定计划③，《刑法志》应位列《礼
仪志》《音乐志》之后，是"志"的第三项主题，却不知何故挪至末
尾。篇幅上，《旧唐书》中的《刑法志》仅一卷，虽远不及其他主题
所占卷数，但也足矣。整体结构上，《旧唐书》共计二百卷，《刑法
志》位列总第五十卷，分列"志"第三十卷。

（二）《新唐书》

作为与《旧唐书》并驾齐驱的作品，《新唐书》的产生主要缘于
当时对《旧唐书》的一些诟病，譬如认为《旧唐书》"纪次无法，详

---

* 《旧唐书》在五代后晋时期编写而成。——译者

① 虽依笔者所见，戴何都对（中国的）产生史作了最佳的纪实性研究，但福兰
阁（Franke）在其著作第308页却对上述观点加以否定，参见福兰阁：《中华帝国史》
（*Geschichte des Chinesischen Reiches*），第二卷，第308页（戴何都，第65页）。

② 戴何都，第66页。

** 指后晋。——译者

*** 如宰相赵莹为《旧唐书》的纂修付出了极大努力，此外参与纂修工作的还包
括张昭、贾纬、赵熙、郑受益、李为先等人。——译者

③ 戴何都，第65页、第66页。

6 略失中，文采不明，事实零落"。11 世纪中叶，宋朝皇帝下令重修，*
该部作品亦分派给诸多大臣，由其共同撰写而成。

与《旧唐书》一脉相承，《新唐书》的编撰体例亦包含"本纪""志"和"列传"三部分。但《新唐书》在此基础上，新增了第四部分"表"。在编纂结构上，《刑法志》居于《艺文志》之前，为"志"的倒数第二项主题。在整体结构上，《新唐书》共计二百二十五卷，《刑法志》位列总第五十卷，分列"志"第四十六卷。

囿于笔者能力，本书对《旧唐书》的上述置诟之词不予评价，对新旧《唐书》的自身价值亦不作评估，而仅在下文对新旧《唐书》的《刑法志》部分加以比较。

（三）《唐会要》

有别于新旧《唐书》和《唐六典》，《唐会要》不属官修正史，而为私人纂修的史料。由于《唐会要》的大部分内容①于唐代便已成形，故作为史料，《唐会要》较新旧《唐书》更具优先性与直接性。《唐会要》以苏冕《会要》、杨绍复《续会要》这两部早期文献为基础，由王溥于公元 961 年撰成。因《唐会要》对唐代的政治制度和社会制度进行了客观记录，故可视为一部描述唐代国家体制的史料。《唐会要》并未表露作者个人观点，而主要是以文字重现当时的奏议与皇帝诏敕，客观列举当时的历史事实与事件。就史料选择而言，《唐会要》应当引用了所依史源更早、记载内容常有出入的《旧

---

* 宋仁宗于庆历五年即公元 1045 年，下诏重修《唐书》。——译者

① 邓嗣禹、毕乃德，该书第 142 页认为，五分之四的内容已经成形。

唐书》的诸多史料①。鉴于苏冕《会要》和杨绍复《续会要》的成书时间以及两部《会要》记载的史实时间更为准确，甚至包含了许多《旧唐书》未作记录的次要素材这些事实，笔者认为，在史料的渊源关系上，《唐会要》应直接取材于与《旧唐书》的史源相同之史料。同为史料，《唐会要》与新旧《唐书》的价值并无二致，但就特定领域的研究而言，例如本书的研究，由于《唐会要》记载的史实较之新旧《唐书》，内容更丰富准确，故而作为特定领域的研究史料，《唐会要》更胜一筹，更具研究价值，本章后文将作细述。

在编纂结构上，《唐会要》共一百卷，各卷虽无卷名，但常含多个目次，每一目次各附标题。但因《唐会要》没有大的结构划分，因此编撰结构与新旧《唐书》相比更为松散。对本书而言，《唐会要》中重要的篇章为卷三十九至卷四十一，主要内容如下：

卷三十九：

"定格令"。

"议刑轻重"。主要记载具体案例。

卷四十：

"君上慎恤"。主要记载了刑法上意义重大的诏敕和事件。

"臣下守法"。顾名思义，主要记载了大臣遵守法律规定，反对帝王肆意干预司法的案件、诏敕和奏议。

"定赃估"。该节汇集的诏敕大多针对失窃、侵占与受贿这类案件中财物估值这一特别议题。由于大量罪行在量刑上取决于财产价值，价值计算问题对中国法而言具有核心意义。"定赃估"中，

---

① 邓嗣禹、毕乃德，第141页。

8 确定的罪数议刑十分明确，但却经常通过诏敕更改入罪条件和估价方式。

"论赦宥"。该节仅有两项记载。*

卷四十一：

"断屠钓"。参见本书卷二的《旧唐书》和《新唐书》译本。

"左降官及流人"。主要包括两种刑的诏敕及其反复变更。

"酷吏"。记载了具体的罪行与刑罚。

"杂记"。

在《唐会要》的上述卷章中，笔者仅完整翻译了卷三十九项下的目次，此外，鉴于卷四十中的某些目次意义有限或价值特殊，因此仅选取其中"君上慎恤"和"臣下守法"前两目进行翻译。

（四）《唐律疏议》

《唐律疏议》于公元 653 年成书，由官方注释。由于现有的《唐律疏议》版本中所含的诸多机构名称、术语表达和地理称谓在《唐律疏议》首版时尚不存在或尚未起用，故而推断现有的《唐律疏议》版本应当晚于公元 653 年完成。但并不表示，现存的《唐律疏议》版本直至唐代以后才得以再次修改或完成。

本书将在（卷一正文部分）第四章第三节的"判决"项下继续阐释《唐律疏议》①。倘若认为新旧《唐书》和《唐会要》的法律篇章中记载的唐代立法和司法的内容呈现了唐代法律生活的面貌，那么

---

* 此处有误，应为三项。——译者

① 有关《唐律疏议》的结构和重要规定详见《旧唐书·刑法志》4b—6a（本书所引新旧《唐书》以及《唐会要》可参照卷二"译本"部分。——译者）。

《唐律疏议》和《唐六典》则包含了有关唐法实体内容和具体制度的
史料素材，由此看来，《唐律疏议》和《唐六典》这两部史料书籍对　9
法学研究意义更为重大。

（五）《唐六典》

《唐六典》的编撰始于公元 722 年，注释成书则完成于公元
739 年或公元 738 年。虽然《唐六典》冠名由唐玄宗亲撰，由李林
甫奉命注释并冠名于各卷卷首，但事实上玄宗仅是下诏官修该书，
并未参与撰写，李林甫也始于公元 737 年才接手《唐六典》的编辑
工作，李氏在短期内也断无法完成内容如此繁杂的注释工作，事实
上，《唐六典》是由中书省下属的集贤殿书院官员、史官及书院学
士 ① 共同完成，部分编撰者的姓名目前也已为人所知 ②。

《唐六典》是一部记载唐代官制的手册，共三十卷，记录了各
国家机关的机构设置。其中，卷三十记载了府、督护和州的地方行
政设置。《唐六典》全文由正文以及（以小字刊印的）注释两部分组
成，记载顺序与令的前七项机构顺序相同 ③，其中记载部门机关的各
个篇目皆以官职计数为篇首，而后是有关官职品级与历史沿革的内
容。此外，虽然新旧《唐书》的史料取材于《唐六典》，但因《唐六
典》编入了各官职职能，故更为完备，可谓了解唐代国家机构之最
佳史料。《唐六典》偶尔记载了一些无涉官职职能或官职品级的内
容，如《尚书刑部》卷对法律制定、"律"和"令"内容进行了记载。

---

① 参见本书卷三"索引和列表"中唐代机构与官职名目录"集贤殿书院"。

② 参见《新唐书》58/4b。

③ 参见后文第三章第四节"令"部分所列举的内容。

　　《唐六典》虽系仿效《周礼》之作，但其客观记述较《周礼》更
10 胜一筹。《唐六典》的"六典"之名，源自《周礼》"六官"，由唐玄
宗钦定命名，（内容上）分别包括《理典》《教典》《礼典》《政典》
《刑典》和《事典》。然而，前述"六典"有名不副实之嫌，因其名称
仅大致反映内容，与史料的结构划分并不完全契合。

　　《新唐书》"列传"部分有载，《唐六典》基于令和式编撰而
成①，但因（目前）难以获得唐代令、式原文，故使《唐六典》成为还
原确定令、式具体内容最为重要的史料，这是《唐六典》首要的法
律价值。

　　《唐六典》中的三项卷章，即卷六的《尚书刑部》、卷十三的《御
史台》和卷十八第一目的《大理寺》，对司法颇有裨益，但本书不作
翻译。（此外，当时将这三卷章中涉及的）尚书刑部、御史台和大理
寺这三个机构统称"三司"②。

　　如上所述，总体而言，新旧《唐书》和《唐会要》为还原唐代立法、
司法所呈现的法律生活，提供了史料素材，《唐六典》中（有关三司）
的三卷章则尤其展现了唐代司法机构和诉讼程序的面貌。《唐六
典》不仅对当时的司法机关和各项官职职能进行了描述，而且在《尚
书刑部》中对律、令、格、式这四类立法体例一直记载到公元 738 年。
从目前可考证的部分来看，《唐六典》所载内容是值得采信的，因
而亦可推断，或许《唐六典》中无从考证的部分亦为可信。

　　遗憾的是，《唐六典》对官职品级的相关史料的编排不够清晰，

---

　　①　据编撰者所载，《新唐书》58/4b "系首次令和式以《周礼》六官的结构范式为
依据来介绍国家结构"。

　　②　参见《旧唐书·刑法志》22b 处。

现有版本的文字也多有刊印错误和遗漏。

（六）《唐大诏令集》

顾名思义，《唐大诏令集》是唐代皇帝的诏令汇编。*该书由宋 11
敏求于公元 1070 年编成，但迟至公元 1918 年才由《适园丛书》始
刊印成书。尽管新旧《唐书》和其他文献，尤其是《册府元龟》中
应已包含《唐大诏令集》中的诸多诏令①，但对笔者的考证研究而
言，《唐大诏令集》仍不失为一部有学术价值之作。《唐大诏令集》
共一百三十卷，其中有二十三卷已经遗失，故未能刊印。对唐代法
律史而言，《唐大诏令集》中尤其重要的卷目分别为卷八十二的《刑
法》以及卷八十三至卷八十六的《恩宥》和《时令》。此外，后续的
卷八十七至卷九十八已经遗失，这些遗失的卷章中或许恰恰包含了
笔者于其余各卷遍寻未果的那些重要的法律诏令。最后，该书的其
余卷目也包含了一些对法学研究而言较为重要的诏令，这些诏令在
其他史料中通常很难找到。总体而言，《唐大诏令集》这部史料在
编排上较为混乱、有失妥当。

（七）《册府元龟》

依编撰结构，《册府元龟》应属类书，该部史料成书共一千卷，
于公元 1005 年依皇命开始编纂，直至公元 1013 年成书。风评该
书所刊印的史料选择较为谨慎，包含了大量通常难以找到的唐代诏

---

* 以皇帝名义发布的命令，依用途不同有"诏""制""敕""册""赦""德音""批
答"等种种名称，通称之为"诏令"。参考黄永年：《〈旧唐书〉与〈新唐书〉》，人民出版
社 1985 年版，第 11 页。——译者

① 戴何都，第 96 页。

12　令。本书未使用《册府元龟》这一史料。

（八）《通典》

《通典》亦是一部类书。该书共分九大门类，8世纪下半叶由博闻强识、富有学术旨趣的官员杜佑编撰，于公元801年呈圣上。该书主要以国家和政治体制为素材，分食货、选举、职官、礼、乐、兵、刑法、州郡和边防九门。其中《刑法》位列第七门，共八卷，位居《通典》卷一百六十三至卷一百七十。在内容上，《刑法》前三卷梳理了中国立法自始而来的历史沿革，后五卷则记载了具体的法律领域和问题，包括刑事程序、监狱、肉刑、峻酷、赦宥等。文风上，刑法典的记载简要客观，鲜见作者个人评断。史料内容上，刑法典中有关唐代立法的章节①所含的史料内容较《唐会要》和新旧《唐书》略逊一筹。

此外，另一部史料典籍《文献通考》在第一百六十四卷中对唐代立法进行了全面的历史性的梳理，该卷亦对《通典》未涉及的唐末110年间的立法状况有所补充。

（九）《太平御览》和《古今图书集成》

最后值得一提的是史学类书②，这些类书大多包含特定的法律篇章。尤值一提的，系公元983年成书的《太平御览》以及公元

---

① 第一百六十五卷。参见笔者译作：*Sinologische Arbeiten*, Deutschland-Institut, Peiping, Bd. 3, 1945, pp. 152—164（《汉学集刊》，第三卷，中德学会出版，北平，1945年，第152—164页）。

② 详见邓嗣禹、毕乃德，具体参见该书第87页以下的列举内容。

1725 年成书并呈圣上的《古今图书集成》。就成书时间而言,《太 13
平御览》较接近唐代,故具时间优势;就内容而言,《古今图书集成》
的内容更为丰富翔实。虽然这些类书无法替代前文所列的唐代法
律史料,但亦能作补充之用。此外,与其他类书相比,《玉海》的法
律意义略逊一筹。

二、新旧《唐书》和《唐会要》
节选译文之对比检讨

(一)《新唐书》和《旧唐书》

就史料的选择、编排和重述而言,新旧《唐书》的《刑法志》在
形式和内容上均有显著差异。

仅从表面来看,《旧唐书·刑法志》的篇幅是《新唐书·刑法
志》的两倍之巨,即使忽略不计《旧唐书》中陈子昂和魏靖的与法
无涉的奏议内容,《旧唐书·刑法志》的篇幅仍比《新唐书·刑法
志》多出五分之三。《旧唐书》较大的篇幅规模或许与其丰富的史
料、详尽的介绍和准确的记录有关,但若从史料选择、编排和重述
的角度而言,则会得出不同的结论。

首先,在史料编排上,《新唐书》清晰明了,而《旧唐书》的编
年记述则既不客观也不完整,不仅同一史实在书中多处提及,且与
史实相关的实质内容亦于多处列举。《新唐书·刑法志》的卷首为
一段法律史和法哲学的简短引言,这一点与《旧唐书》和别朝史书

14　的《刑法志》类似，但《新唐书·刑法志》与前揭书相比的不同之处
在于，在简要介绍唐律内容之后，《新唐书·刑法志》把按编年记
载的立法进程、重要法律诏敕以及具体案例这三个部分糅为一体予
以介绍。其次，在史料选择上，《新唐书·刑法志》的第二部分对
各帝王的刑法政策进行了评价，并以总结性的结语收尾，这部分内
容既是记述性的，也是编者的独立评价，与《旧唐书·刑法志》相
比较，该部分内容独具一格，自成特色。再次，在史料的时间记载
上，新旧《唐书》中，尤其是《旧唐书》常常对具体的史实时间未作
记载，例如，没有记录一些诏敕和奏议的具体时间。一般而言，但
凡史实是按照时间顺序来进行记载的，由此可由上下文推算出那些
未作记载的史实的具体时间，而无须通过对其他史料的后续研究加
以佐证。但因《旧唐书》本身在编排上未记载史实的具体时间，故
而推算之说更是无从谈起。正因如此，只要单独阅读《旧唐书·刑
法志》一卷，便不难发现，想要探知文中某一史实的具体时间并非
易事，即便文中记载有零星头绪，也易使人生惑。

　　因此，《新唐书·刑法志》与《旧唐书·刑法志》这两部作品，
就史料编排、史料选择和时间记载而言，虽然前者记叙较为简洁，
但胜在内容全面、史料编排体例更为恰当。例如，唐太宗关于罪人
无得鞭背的这项诏令①在《旧唐书》中没有得到记载*。这项诏令不
仅在当时和后来的几百年间意义重大，且就太宗的刑法政策而言，

---

　　①　参见《新唐书·刑法志》3a处。
　　*　《旧唐书》卷三《太宗下》有载；且《刑法志》中有"不得鞭背，遵太宗之故事
也"。——译者

也颇具代表性。此外，还有很多史实，例如唐代开国元老鲎仁弘 ① 15
的营私舞弊案，唐女皇武则天制定告密之法 ②，反对过分矫饰诉讼文
书("法司及推事敢多作辩状而加语者以故入论")一事 ③，唐中宗转
徒、杖刑为役 ④*，唐穆宗别设参酌院，令有司定罪时议其出入这一
尝试 ⑤，上官兴案就法律和孝义间的矛盾及史官的批判性注释这一
有趣案例 ⑥**，《旧唐书》都未作记载，而这些史实本应对反映唐代
立法状况起到一定补充作用。

尽管《旧唐书》在内容上存在上述欠缺，但值得一提的是，《旧
唐书》记载的两起案件虽未见于《新唐书》，但却对法律和传统道
德约束这两者之间的相互关系而言极富启发性。这两起案件分别
为是否允许血亲复仇的梁悦案 ⑦，以及救父杀人的康买得案 ⑧***。此
外，《旧唐书》的优势还在于，它比《新唐书》记载了更多的立法活
动。亦值得称道的是，它在总体上给予了法政策性的诏敕和奏议更
多的篇幅。美中不足的是，《旧唐书》对法典内容、政治暴乱及其
镇压制裁的记录过于冗长，对法典条文的重述亦有可指摘之处，因
为其节选条文陈旧且为反复的字面引述。易言之，缺乏对法典一般

---

① 参见《新唐书·刑法志》5b—6a 处。
② 参见《新唐书·刑法志》8a 处。
③ 参见《新唐书·刑法志》8b—9a 处。
④ 参见《新唐书·刑法志》9b 处。
* 此处有误，应为玄宗天宝六年敕。——译者
⑤ 参见《新唐书·刑法志》11b 处。
⑥ 参见《新唐书·刑法志》12a 处。
** 《旧唐书》卷一七下《文宗下》、卷一五七《王彦威传》有载。——译者
⑦ 参见《旧唐书·刑法志》23a 处。
⑧ 参见《旧唐书·刑法志》25a 处。
*** 二者皆载于《新唐书》卷一九五《孝友传》。——译者

16 性面貌的呈现，此点唯有在突出基本思想的前提下，通过对全部史料的深入加工和自主表述才能实现。然而，《旧唐书》的编撰者对这样一份工作兴味索然，就如同他们对自己观点和思想的表达一样数缄其口。

　　《新唐书·刑法志》是否较《旧唐书·刑法志》亦具文风优势，笔者不予置评。但若比较新旧《唐书》及《唐会要》的类似语段，就会发现，《新唐书》常常会省略些许虚词，或是有其他文笔上的精简，这种做法即便未使文本含义陷入模棱两可的窘境，也让其变得更加费解。就这一点，笔者与戴何都（Des Rotours）持相同观点①。

　　总之，值得庆幸的是，我们目前尚能获得在内容上互为补充的新旧《唐书·刑法志》这两部史料。但对于读者而言，若欲通过阅读《刑法志》来获得唐代立法进程之宏观印象，并进而了解唐代的重大法律问题，那么，两者之中《新唐书》这部史料更为适合。

（二）《唐会要》

　　内容上，《唐会要》主要编录了唐代的诏敕和奏议；风格上，其对法律篇章的记述仅限于史实重述，编者未作个人评断。尽管《唐会要》无法回避史实介绍这一内容，但正如其对立法活动的记述所显示的，《唐会要》的语言文字言简意赅、史实列举简明扼要。这种单纯对文献事实进行简单陈列，不对相关内容进行记录的叙述方

---

　　①　戴何都，第 63 页有如下标注："Je puis cependant dire que si, d'une manière générale, la principale qualité du style historique doit être la clarté, il est impossible de préférer le style de la Nouvelle Histoire des T'ang. Ce texte si concis et si obscur serait parfois absolument incompréhensible, si on ne pouvait le comparer à celui de l'Ancienne Histoire des T'ang"。

法，一方面满足了《唐会要》按照主题内容分篇记述的基本要求，17尽管所记述的大部分史实内容在时间编排上没有连续性；另一方面，这种叙述方法也符合《唐会要》在内容上确切记录史实时间这一要求。虽然新旧《唐书》在"志"中也曾使用上述叙述方法，但效果不尽如人意。尽管《唐会要》的这种叙述方法思路混乱、令人费解，但这种记述方式的显著优势在于，读者能够轻松地确定具体立法文件或案件的准确时间。读者不仅可以通过阅读《唐会要》一览历史进程全貌，而且可以在评判个案时明确特定问题所处的立法背景，查明其特定时间点，而这恰恰是个案评价的前提所在。

与此同时，阅读《唐会要》中有关"法的实践"（Rechtspraxis）诸篇章，不难发现，《唐会要》的相关卷章虽然主题简单，但内容毫不枯燥。例如，阅读《唐会要》关于大臣竭力说服皇帝遵守律法的《臣下守法》卷①可以发现，即使编者已经省略了关联内容，但对读者而言，该卷内容不仅文字极为尖锐，而且史实本身极具戏剧化色彩。

然而，《唐会要》所采史料虽取自新旧《唐书》的《刑法志》，却缺乏完整性。例如，《唐会要》对法的实践领域的记载中关于重大法律诏令的列举就不甚完整。此外，《唐会要》所提到的诏敕和案件可能并不全部取材于《旧唐书·经籍志》或《新唐书·艺文志》，部分内容可能源于其他史料，但对此加以考证不仅耗时耗力，而且该项工作也不在本书研究之列。尽管如此，《唐会要》已经涵盖了那些具有典型意义的诏敕和案例，在介绍唐代法律时，提及当时的

---

① 　参见后文所译《唐会要·臣下守法》部分内容。

18　诏敕和案例不仅是必要的，也是新旧《唐书》的《刑法志》所追求的目标之一。

　　鉴于《唐会要》的上述特征，基于本书宗旨，虽然作为研究史料而言，《唐会要》较新旧《唐书》更为适合，但仍难免白璧微瑕。例如《唐会要》个别章节中对某些史实的归类仍有待商榷，但问题不大。

三、译本选择

（一）刊印新旧《唐书·刑法志》之理由

　　首先需要说明笔者选译新旧《唐书·刑法志》的理由。通常而言，处理新旧《唐书》两部《刑法志》的方式是仅选择其一进行完整翻译，另一部作为补充即可。但此种处理方法不但有违本书宗旨，而且操作起来困难重重。或许，该问题在技术上有以下三种处理方式：其一，在一部史料的脚注中，对另一部史料的内容进行注释。其二，在一部史料的正文部分嵌入另一部史料的内容并加以标注。其三，省略两部《刑法志》相互重复的内容，仅刊印精简的版本。

　　但考察上文的第三种处理方式，就会发现，两部《刑法志》的内容重合部分篇幅过短，故而省略重复内容的方法不仅操作困难，且效果不尽如人意。此外，即便就两部《刑法志》中内容互不重复的部分而言，也存在篇幅规模参差不齐或奏议诏书文句表述千差万别等种种问题。因此，在完整翻译的《刑法志》中对上述不同之处

进行标注，确有必要。但这种"补丁式"的译法，一方面对笔者而 19
言思路不清，另一方面，就本书现有的大量评注而言，翻译篇幅将
更加臃肿，甚至个别章节将呈现"马赛克状"的混乱局面。倘若读
者欲通过阅读此种"补丁式"或"马赛克状"的正文评注来了解《刑
法志》的内容，那么这种翻译方式不仅会让读者思路混乱、产生疑
惑，有时甚至会大失所望。

　　倘若在保留新旧《唐书》《刑法志》并列语段的同时，在其中一
部完整翻译的《刑法志》内将两者的不同之处作完整注释，则上述
弊端将更为明显。

　　此外，似乎可以选择新旧《唐书》中的某一部《刑法志》进行完
整翻译，以另一部《刑法志》的内容作为补充。首先，若选择第一种
方法，对补充内容在脚注中进行注释，鉴于《旧唐书·刑法志》的
篇幅是《新唐书·刑法志》的两倍之巨，而且含有长达几页的奏议，
唯有选择《旧唐书·刑法志》进行完整翻译，才能避免注释篇幅是
正文几倍之多这种本末倒置的现象。但这一选择无疑将一概保留
《旧唐书·刑法志》的编排缺陷，且会将此缺陷带入《新唐书·刑法
志》，因此，这一选择恰是放弃了《新唐书·刑法志》行文连续清晰
的两大优点。另外，由于《旧唐书》的编排在内容客观性和时间连
续性上均不尽如人意，故而究竟应在《旧唐书·刑法志》何处穿插
《新唐书》的注释内容，也是一个难题。其次，若选择第二种方法，
在其中一部史料的正文中嵌入另一部史料的内容并加以标注，那么
不仅会再次陷入于何处穿插注释内容的困境，还会引发另一个亟待
解决的问题，即需要通过新增相关内容以加强翻译的整体可读性，
并借此逐步使翻译自成一体。但这并非本书的目的所在，本书毋宁

20　是要通过提供现有史料，使不谙中文的学者也能找到切入点来展开
　　研究。

　　　总而言之，用上述三种方法来规避完整翻译新旧《唐书》的两
部《刑法志》，这一做法在事实上并不可行。完整翻译两部《刑法志》
的缺陷是，我们需对那些偶见的重复有所容忍，但却能以此换取史
料的完整性。这种翻译的优势理由众多，例如，语言学家有关新旧
《唐书》的价值及其相互关系的争点，可以通过例证其中某一具体
卷章，来更为简便地做出判断。

（二）《唐会要》

　　　笔者仅选取《唐会要》的部分章节翻译，忽略不译新旧《唐书》
中的诏敕和案件，但这并不影响读者理解《唐会要》。另外，《唐
会要》与新旧《唐书》的出入之处以及新增内容，本书将一一注释。
仅在比较这几部史料，发现《唐会要》的个案更加完整，对其进行
准确复述也符合读者期望时，笔者才会在《唐会要》的翻译部分保
留该个案。新旧《唐书》的翻译部分不再完整复述或注释这些案件，
而仅在新旧《唐书》中注明这些案件在《唐会要》译本中的相应位置，
以便查询。

　　　就《唐会要》卷三十九的《定格令》而言，在新旧《唐书》中注
释《唐会要》的方法不仅顺理成章，而且颇为可行。但是，顾及本
书新增大量注释（约一百项新增注释），对笔者而言，在新旧《唐书》
中注释《唐会要》的方法除非确有必要，否则并不可取。倘若真的
采用上述方法，那么注释所载的史实属于新旧《唐书》正文的重要
内容时，就需对注释再次转引。由于新旧《唐书》的体系结构本就

不甚清晰，而《唐会要》修正本的史实记述在编排结构上较为明确，有鉴于此，本书在卷二译本的翻译中完整地保留了《唐会要》的修正本的内容。

第三章　唐代立法

一、立法体例

　　唐代立法明确区分律、令、格、式四种法律形式[①]。《新唐书》[②]将这四种法律形式统称为"刑书"，即"刑法典"，《唐六典》6/3a处则称之为"文法"。上述称谓均表明，唐代的法属于成文法。尽管《新唐书》以"刑书"之名统摄律令格式，但若因此认为这四种立法形式都系关刑法，则名不副实。因此，"刑书"这一称谓并不准

---

　　① 　就本书对唐代四种法律形式德文译名的选择，作者补充说明如下：首先，将"律"译为 Gesetzbuch（法典）是恰当的，这一译法表明，唐律是唐代立法的核心。本书之所以未采用"律"的常见译法 Strafgesetzbuch（刑法典），原因在于，"律"的内容和意义并不限于刑法这一部门法。其次，将"令"译为 Gesetz（法律），原因在于，在欧洲法上，法律的效力位阶高于规则和条例，但这种译法自然或多或少地带有笔者个人判断。选择"令"和"式"的德文译名时，必须考虑到，Gesetz 一词，一方面包含了法典（Codex）的总称的意义，即对所有这一性质的法律条文进行编纂，另一方面，也可指法典中的具体部分。但是，本书翻译所用的 Gesetz 并不具有上述意义，本书中的 Gesetz（令）通常仅指具体的（令的）篇名，因此，对这些由个别唐令编纂而成的令典而言，Gesetz 一词只具有外在的形式意义。最后，将那些由皇帝敕诏汇编而成的"格"译为 Dekret 的原因是，单独的诏令常被称为 Dekret，因此这一翻译应当是较为准确和权威的，而且 Dekret 一词在欧洲法的立法文件中也得到了广泛的应用。

　　② 　参见《新唐书·刑法志》1a 处。

确。确切而言，在律、令、格、式这四种法律形式中，只有唐律的条 22
款几乎都具有刑法表象，但若根据欧洲法学观点，这些律文条款依
据其内容，应分属如亲属法、程序法、行政法等其他法律领域。而
唐律以外的法律形式，一方面缺乏完整原文，另一方面也对其具体
内容知之甚少，故只能假定唐代的令、格和式大多不具备刑法的形
式与特点。无论如何，"刑书"这一称谓，以及中国经典法学"诸法
以刑为源、以刑为首"的主导观点，不仅阻碍了刑法之外的其他（部
门法的）违法制裁（形式）的形成，也妨碍了权利和义务（过错，责任）
这些民事法律概念的构建。

　　在唐代，人们曾试图仅从名称或形式上原则性区分上述四种法
律形式，但效果不尽如人意。《唐六典》云："凡律以正刑定罪，令以
设范立制，格以禁违正邪，式以轨物程事。"① 这一记述虽对仗工整、
行文典雅，但正如通常所见，其实质意义寥寥。《新唐书》亦曰："令
者，尊卑贵贱之等数，国家之制度也；格者，百官有司之所常行之事
也；式者，其所常守之法也。"② 这一解释也与《唐六典》如出一辙。

　　但无论如何，就目前了解到的对唐代法律形式的记载、内容和
名称而言，唐代的四种立法形式具有如下特征：唐律依其形式而言
应具有刑法的特征，为前朝创设，并由立法者因袭隋朝旧制而来，
律的条文一般不轻易变更，具有一定的稳定性。令，这一法律形式
同样承继于前朝，而且从令的篇名判断，令的内容也无大的变动。

---

　　① 《唐六典》6/7a 处：凡律以正刑定罪，令以设范立制，格以禁违正邪，式以轨物
程事。
　　② 《新唐书·刑法志》1a 处：令者，尊卑贵贱之等数，国家之制度也；格者，百官
有司之所常行之事也；式者，其所常守之法也。

23　由于令这种立法形式产生时间不长，因此，若是更改前朝旧令之后
　　再予承继，则这些新的更改势必会遭受质疑，这也是令的内容相对
　　稳定，未有大改的原因所在①。在内容上，令主要包含有关国家法和
　　行政法的规定，尤以职官法为甚。令的条文仅在少数情形下才采刑
　　法规范形式②。就式而言，由于目前对其知之甚少，或因目前无法确
　　定究竟有多少已知的规定是载于令式之中，故而式、令的法律素材
　　或有重合之处，式可能包含实施细则，尤其是行政行为的范式。最
　　后，格是皇帝颁布的各种指示与诏敕的汇编，格不仅针对个案生效，
　　并且其法律效力或多或少地具有持续性。此外，唐格可以在不触及
　　律的根本形式的前提下，通过修改律文中的个别规定，来反映日常
　　生活所体现的立法需求，从这一点来看，格的法律效力优于律。

　　　　律、令、格、式都以"典"的形式编纂，其中律、令、式各成一典。
　　令典未援引卷数名称，而援引各卷篇名。故在外观上，令可以成为
　　一部"典"，但在实质上，各篇各具特色。相较于各成一典的律、令、
　　式，格典的数量较多，现有的公元637年的首部唐格便分为两部。
　　由于新颁的诏敕并未编入已有的唐格之中，而常以当时的年号为名
　　另行编为新格，因此格的数量也有所增加。

　　　　除了律、令、格、式这四种法律形式之外，唐法的第五类法律
　　渊源是那些尚未编入唐格的皇帝诏敕。虽然唐代尚未将诏敕称为
　　法，但就其功能或目的而言，诏敕旨在暂时或持续地修改或废除唐
　　律条文，其法律适用也明确表明，诏敕可被称为第五类法律渊源。

----

①　参见本章第二节"立法概览"项下内容。

②　对此可由《疏议》得到印证，其中第二十七卷第449条规定："诸违令者，笞
五十。"因此，存在对违反律的条文的一般性刑事处罚。

下文将就上述法律渊源予以阐释。

二、立法概览

成功推翻大权衰败的隋炀帝后，唐代开国皇帝高祖李渊称帝。公元617年，时任太原留守的李渊在儿子李世民，即后来的唐太宗的辅佐下，于渭河河谷起兵攻占长安。李渊随后在长安拥立隋炀帝孙（杨侑）为帝，并在隋炀帝死后，于公元618年正式称帝。

李渊称帝的过程表明，他既想使自己的行为和地位变得正当，又想使新朝与前朝传统保持内在联系。李渊的意图同样体现于其立法措施：起义之初，李渊就颁布了具有政策性色彩的宽大之令。在平定长安之后又宣布约法，虽然条款不多，但将隋朝的诸多死刑罪名限定于某些特定案件。该约法政治意图十分明确，这一点亦于新旧《唐书》"高祖欲使苦于隋朝苛政的百姓悉数归附"中，得到阐述。就当时的环境而言，这些立法措施不仅必不可少，而且具有革命性。然而，李渊登基后，立刻转而沿袭前朝律令并重新颁布——仅在登基几日后，他便命人修订律令，但主事官员因时间仓促和其他更为紧急的事由，仅完成了"五十三条格"，后编入《唐律》*。

撇开李渊的宽大之刑，总体而言，唐律自首次撰定以来少有变动。正如史料所述，唐律修订很少涉及条文内容，修律既未增加条文数量，也未修改条文编排。

虽然后世大多因循前朝旧律，仅在新增本朝年号之后重新予以

---

　　*　此处指《武德律》。——译者

25 颁行，但与唐代相较，后世对律法修改的幅度常常更大，而唐代则秉承了"唐因于隋，相承不改"的传统观念。笔者在《前汉书》[①]中首次找到有关律的效力恒定性和内容连续性的明确表达："前主所是著为律，后主所是疏为令。"《唐六典》也引用了上述说法[②]。但是，由于唐代同时承继了隋朝律令，而且根据史料记载，唐代在承继旧法时所作改动很少，故而《前汉书》的前述表达并不完全契合唐代的立法状况。至于唐朝在承继旧法时，与令相较，律是否作了更多改动已无关紧要。但若将《前汉书》前述语句中的令代之以格和式，则与唐代立法状况相符。无论如何，直至近期，中国的法律史学者仍将《前汉书》中的界定视为主流观点。

《前汉书》的上述界定亦表明，在中国的社会制度下，法律和其他领域都以遵循传统旧制和沿袭古训为一般要求。正如立法所示，唐代尽量对律不作改动，而是通过诏敕的补充规定，来体现日常生活和新的认知改变了的新的立法需求。虽然诏敕的补充规定事实上能够改变律的内容，但绝不变更律的形式。《大清律例》则明确了律的名称。由于唐代立法在形式上未将格并入律，因此，唐法中的格与《大清律例》的"例"作用相同。

诚然，律在唐代立法进程中的作用日渐式微，至少律的条文数量远远少于格和诏敕。唐初的所谓修律也名不副实。唐代于公元737年最后一次修律[③]，约为唐代中前期。玄宗之后直至唐末的180

---

① 《前汉书》(开明书局版) 60/0507c 处。

② 《唐六典》6/6a 处。

③ 本章第六节"格、敕诏汇编和类书"项下有关类书的记述中对所有法律形式的条文进行了归类，由于在归类中将格的条文归入相应的律文之中，因此在外观上与《大清律例》十分相似。

年间,唐代再未修律。《唐律疏议》亦显示,唐朝初年修律意义重大。26

　　唐代的令和式的立法状况与律十分相似。令和式的最后一次修订也在公元 737 年①。虽然无法断言,令和式的作用大不如前,但可以认为,正因为格的存在,才常使令和式略显陈旧过时。

　　公元 737 年后的唐代立法则是以格和诏敕为主导的。立法活动的重心从律转到了格和诏敕。显然,当时的立法者并无时间精力按照公元 737 年前的形式修订整理诏敕。甚至连格的称谓也曾一度消亡,仅在公元 836 年的立法中曾昙花一现"格"之称谓,而规模剧增的诏敕汇编则被简称为"格后敕",但与此前通行做法有所不同的是,"格后敕"不再由中央机关制定后发往地方机关。

　　但这并不表示,唐初的统治者未曾使用过格和诏敕这两种立法形式。太宗和高宗更多的是在公元 637 年和公元 651 年为格和诏敕奠定了立法基础。只是相较于律、令、式三种法律形式,格和诏敕的立法较为节制——格和诏敕的立法规模较为精简,格仅有十九卷,而律、令、式则共计六十二卷。但公元 836 年的格和诏敕汇编的立法规模却超出其他立法形式至少两倍之多。相比高祖以因循旧法为著,女皇武则天则更着意于弃前制而树新统。

　　高祖和武氏对传统旧法的不同态度,尤其体现在法官反对高祖肆意专断司法判决,并主张遵从律的规定这一史实上②。但法的

---

　　①　目前没有史料证明,公元 779 年也进行了修订工作。但事实是否真的如此,仍值得怀疑。

　　②　参见后文第五章的记述。正如后文所提到的,上述史实也同样发生在唐朝前三位帝王,即高祖、太宗和高宗在位期间,参见《唐会要·议刑轻重》及《唐会要·臣下守法》。

27　概念在后世发生了变化，法不再是普遍适用的条文，而成为了身兼
　　立法者和最高决策者的皇帝根据个案任意决断的新法。虽然，法和
　　判决在功能上自始并无明确区分，但和依据行政裁量形成的裁决相
　　比，法和判决无论在概念上，还是在实践中，都有所不同；但这些
　　区别也随着法的概念的变化而逐渐模糊，甚至在某种程度上已荡然
　　无存。

　　　　下文将逐一介绍唐法的四种法律形式，本书的索引和列表部分
　　的内容亦有助于读者了解唐代立法的概貌。

三、律

　　　　前文已有所提及唐代修律开端，公元 618 年，即高祖在位第一
　　年，由于缺乏大规模修律的时间，仅新颁"五十三条格"。"五十三
　　条格"虽然补充更改了律的内容，但却未能变动律的条文。尽管现
　　有史料有关"五十三条格"对律的内容所作的变更的记录甚少，但
　　有人假定，该次修律至少部分涉及了公元 618 年约法所废除的那些
　　适用死刑的罪行①。"五十三条格"后编入公元 624 年所撰定的新律
　　之中，但公元 624 年新律编纂的起始时间目前不详。而对该部新律
　　的评价，正如《旧唐书》所载："（于时诸事始定，边方尚梗，救时之
　　弊，）有所未暇"。该次修律仅对流刑的时限和距离进行了更改，其
　　他内容则一概承继了隋文帝所编之律——《开皇律》②。而隋炀帝对

---

　　①　参见前文第三章第二节"立法概览"项下记述。
　　②　《新唐书》云："余无改焉"。《旧唐书》载："（撰定律令，）大略（以开皇为准）"。

《开皇律》所作的后续修改，即新增的律文则因为内容过于峻酷而 28
未获承继。因此，公元 624 年修律所采纳的则是修律者认为更佳的
隋文帝的《开皇律》。

　　与隋朝律法一样，目前我们对公元 624 年新律知之甚少。正如
《新唐书》所载："武德律计十二篇。"我们仅能知晓《武德律》（公
元 624 年新律）十二篇的篇名 ① 与隋朝《开皇律》十分一致 ②，而且唐
宋后世立法均未改变篇名。

　　公元 627 年，太宗继位，太宗在位的前十年未曾认真修律，在
此期间，修律官吏仅建议将绞刑中的第五十条改为免于死刑，降为
断右趾。后来又废除了断趾法，增加了流刑的居作期限。

　　直至公元 637 年，唐朝的第二次修律才得以真正进行。该次修
律在很大程度上减少了死刑的罪名："降大辟为流者九十二，流为
徒者七十一。"此外颁布新敕："反逆者，祖孙和兄弟连坐。" ③ 该敕
后来编入公元 653 年的唐律。而《旧唐书》所提及的其余两项修律
内容，由于其所作修改微乎其微，故有如下评注："自是比古死刑，
殆除其半。"而某些罪数则因微不足道，故不再提及 ④。

　　唐朝其他几次修律主要是高宗、女皇武氏及玄宗于其各自执政
初期，即公元 651 年、公元 685 年及公元 737 年所作的唐律修订 ⑤。

---

　　① 《唐六典》6/5b 处。

　　② 《隋书·刑志》25/19a 处。

　　③ 《旧唐书·刑法志》4a—b 处、《新唐书·刑法志》3b 处。

　　④ 《唐六典》6/5b 处中有一个令人费解的刊印错误，可以解读为，一共对三百项
条文进行了更正。但实际上，律中有五百项条文进行了变更，而所谓三百项条文其实是
与前法相比较没有进行变更的条文数量。

　　⑤ 　此外，依《旧唐书·刑法志》22a 处，唐朝还曾于公元 779 年修律，但似乎最
后并未完成。而《新唐书》和《唐会要》均未提及该次修律。

29　正如每代帝王登基伊始通常所为，高宗、武皇及玄宗的三次修律，都是在审阅旧法、颁布新律的范畴内进行。就目前所知，公元685年的武氏修律仅对唐律五百零二条中的二十四条进行了修改①，具体修改内容则不得而知。对此，有评注称，尽管公元685年修律对所修二十四条律文之外的其余诸多条文不甚满意，但并未进行更改。而公元651年和公元737年的两次修律，由于其修改内容完全无从得知，故可假设，倘若这两次修律仅草率了事，其意义也不甚重要。此外，公元737年的修律由于新旧《唐书》的史录部分﹡未作新的记录，因而其修律或许最后并未全部完工。

　　作为唯一一部大规模的唐律官方注释，《疏议》是在将近一年的编撰后，于公元653年呈交圣上。《疏议》旨在为科举考试提供权威标准，对后世许多朝代而言，不仅意义重大，而且影响深远，但《疏议》本身并不具有修律性质。

　　由于史料所载的唐律修订为数不多，而且目前所知的唐律十二篇、五百零二条②的体系规模与《隋律》一致，因此只能确定，唐律结构自隋朝以来未有大动。

　　就唐律的文字修改而言，唐律的新增内容都以新颁诏敕的方式编入唐律，因此，其固有内容并未改变。新颁诏敕所作的修改内容不仅有限，而且概览本书索引和列表部分刊印的唐代诏敕列表，也

---

①　参见《旧唐书·刑法志》12a处、《唐会要·定格令》第9段。而《新唐书·刑法志》则全未提及该次修律。

﹡　应指《旧唐书·经籍志》和《新唐书·艺文志》未予著录该律名。——译者

②　相关史料以及唐律本身目录都仅表明五百条条文。而事实上，唐律共五百零二条，将其编为五百条仅出于求整数之故。

不难得出如下结论。其一，诏敕在内容上多是重复规定宽大之刑，₃₀
如公元724年皇帝下诏减少决杖惩罚的数量 *，公元742年的诏敕
曰："官吏准律应枉法赃十五匹合绞者，特宜加至二十四"，公元
747年皇帝下敕暂时废除绞斩刑 **，公元813年皇帝下诏将死罪转
为流罪 ***。此外，其他的罪刑变化还包括公元745年转徒刑为军役
的诏敕 ****，以及公元782年将斩刑转为重杖处死的诏敕 *****。其二，
皇帝反复颁布诏敕规制财物损害案件中的估值问题，但本书未翻译
该部分内容。其三，皇帝颁布的其他诏敕还涉及程序法内容，如公
元629年及公元631年有关"死刑三复奏"的敕文，公元629年有
关"自今以后，大辟罪皆令中书、门下四品以上及尚书九卿议之"的
诏敕，以及公元809年和公元839年针对相关程序推进的诏令。而
且，上述程序性的诏敕并非全部修正唐律，只有部分诏敕在唐律之
外规定了相应内容的律法，而实质变更唐律本身内容的仅为前文提
到的如下两项诏敕：其一是有关兄弟和祖孙连坐于反逆罪的诏敕，
其二则是有关离任官员的犯罪处罚的诏敕 ******。其余的诏敕都是针
对议刑和行刑的内容。但是，唐律的大量条文在实质意义上都属于

---

* "今后抵罪人合杖敕杖，并从宽，决杖六十。"——译者

** "自今以后，所断绞、斩刑者，宜削此条。"——译者

*** "自今已后，两京及关内、河南、河东、河北、淮南、山南东西两道，州府犯罪
系囚，除大逆及手杀人外，其余应入死罪，并免死配流天德五城诸镇。"——译者

**** "今后应犯徒罪者，并量事宜，配于诸军效力"。——译者

***** "其十恶中，恶逆已上四等罪，请准律用刑，其余犯别罪应合处斩刑，自今
已后，并请决重杖一顿处死，以代极法。"——译者

****** "据律，已去任者，公罪流已下勿论。公罪之条，情有轻重，苟涉欺诈，岂
得勿论。自后公罪有情状难恕，并不在勿论之限。""吏所犯诸罪，五年之后，去任勿论；
五年内，同见任官例追收。"——译者

31 刑法条文。此外，唐律中还包括一些虽有刑法条文外观，实为亲属继承或行政法规定内容的非实质意义的刑法条文，本书不再论述。

四、令

令的修订脉络远未及唐律修订这般清晰。原因在于，虽然目前已能知晓隋朝及唐朝部分时期的令的名称，但是令文本身早已遗失。尽管后人能从相关史料引述的唐令内容，来重构许多令的具体面貌，但这些令的颁布与生效时间通常并不明确，甚至根本无法确定。此外，相关史料散佚各处，难以整合，即使确定令的具体时间存在可能性，也会耗费大量时间，尤其对本书而言，详细论证这部分内容力有未逮，只好留待另行著述。因此，本书对令的探讨仅限于令的篇名比较。

令的制定过程如下，隋朝曾两次编制颁布令典，其中一部完成于隋文帝执政初期的开皇年间（公元589年至公元600年），另一部则是在隋炀帝在位期间进行的。《开皇令》共计三十卷，分为二十七篇，各篇篇名① 目前已为人所知。而正如《唐六典》所载，首部唐令是在武德年间与唐律一起修订而成，并于公元624年左右与《武德律》同时颁布。值得注意的是，新旧《唐书》《刑法志》与《唐六典》均未提及该令*。但就该令的编撰而言，毋庸置疑的是，新旧《唐书》的史录部分** 均列入该令，并记载该部令共三十一卷。而后续

---

① 《唐六典》6/6a—b处。

* 《唐六典》提及"武德中裴寂等与律同时撰"。——译者

** 指《旧唐书·经籍志》和《新唐书·艺文志》。——译者

的唐令修订则是在太宗执政中期，于公元 637 年与其他律法的制定 32
工作一并完成。这次修令明确了令的数量，这是在唐代绝无仅有的
一次。该次修令明确唐令共 1546① 或 1590② 条，采用了隋令的编排
结构，也分为三十卷、二十七篇 ③。此后，唐朝分别于公元 651 年、
公元 715 年及公元 737 年三次修令。其中公元 651 年及公元 737
年的修令均由新君连同其余所有立法一并重新颁布而成。但目前
仅知晓这三次修令中的第二次修令，即公元 715 年修令的篇名与卷
数④。然而，现有的《疏议》版本源自公元 651 年首次修令之后⑤，《唐
六典》虽然于公元 737 年末次修律之后径直成书，但却没有完全吸
收公元 737 年修令所更新的内容。因此，目前仅能从史料部分来了
解修令的内容，而对修令之后的法律状况的了解，则需建立在对令
和式的内容进一步了解的基础之上 ⑥。

比较隋令和《唐六典》重复记述的唐令内容，不难发现，两者
大同小异。《唐六典》中对隋令加以复述的令的篇名如下：

1. 官品两卷
2. 三师三公台省职员（隋令仅《诸省台职员》）

---

　① 《新唐书·刑法志》4a 处、《唐六典》6/5b 处。

　② 《旧唐书·刑法志》4b 处、《唐会要·定格令》第 4 段。

　③ 《新唐书》第五十八卷的目录部分记载其共计二十七卷，但此处的二十七有可
能混淆了令的篇数和卷数。而《新唐书·刑法志》4a 处、《旧唐书·刑法志》6a 处以
及《唐会要·定格令》第 4 段对 "令共计三十卷" 有一致记载。

　④ 参见《唐六典》6/5b—6a 处。

　⑤ 而我们现有的《疏议》的版本究竟是公元 653 年的版本，还是后世的版本，此
处不作置评。

　⑥ 参见前文第二章的相关记述。

33

3. 寺监职员（该令在隋朝分为两令,分列第三项及第六项*）

4. 卫府职员

5. 东宫王府职员（隋令仅《东宫职员》）

6. 州县镇戌岳渎关津职员

7. 内外命妇职员

8. 祠

9. 户

10. 选举

11. 考课

12. 官卫

13. 军防

14. 衣服

15. 仪制

16. 卤簿两卷

17. 公式

18. 田

19. 赋役

20. 仓库

21. 厩牧（隋朝仓库、厩牧两部分合为一篇）

22. 关市

23. 医疾

24. 狱官

_____

*　此处应为第七项。——译者

25. 营缮

26. 丧葬

27. 杂令

就《唐六典》中复述的令的篇名而言，首先，复述的令中未包 34
括隋令中的《学》《封爵奉寮》和《假宁》（隋令第十一卷、第十三卷
和第二十四卷 *）这三部令；其次，相较于隋令，《唐六典》仅新增
了《医疾令》和《营缮令》。尽管《唐六典》在令的篇名上没有大的
变化，但这并不意味着，令的内容也一概得到承继而一成不变。此
外，还需注意，《疏议》还包含了其他的令①，但这些令并无独立名
称，而是纳入现有的唐令名下。所以，这些令或许并不算真正意义
上的令，正如律的称谓有时也用来表示唐律中的某项条文，这些所
谓的令也并非唐代四种立法形式中的令，而只是唐令中的具体条文
而已。

除此之外，令的外在形式鲜有变化，而令的内容的变化则由于
目前缺乏具体信息，故而仅能认为，令与律相同，也沿袭了隋法的
传统旧制，由隋令承继而来。

五、式

就目前所知，早在公元 541 年的西魏，就已经存在式这种立法

---

*　此处有误，应为第十二卷、第十四卷和第二十七卷。——译者

①　杨鸿烈在《中国法律发达史》第 356 页中对《唐律疏议》的总结中曾提到，唐
令还包括《禄令》和《捕亡令》。

35 体例，而且隋朝立法（公元 589 年至公元 618 年）也使用了式这种立法形式。但究竟当时式的内容与本质如何，则不得而知。

　　唐代的式发源于武德年间，但仅有《新唐书》卷五十八的《艺文志二》有所提及，新旧《唐书》《唐会要》及《唐六典》都未见记载。可以认为，《新唐书》卷五十八提及的唐式，在制定上与同一时期的（武德）律令如出一辙，式的制定并非缘于某些紧急事由，亦未经由仔细审阅条文或修订旧法之过程而成，只是暂时以隋朝旧制为内容，以唐式的形式重新颁布施行而已。

　　至于通过审阅修订旧式进而形成新式的工作，则直到唐代新朝开基二十年后，才得以与太宗修法一并进行。太宗修法将式的规模由十四卷增至二十卷，共分三十三篇。鉴于唐式在编排上（其三十三篇的篇幅）与当时中央高级机构的数量相契合[1]，因此更加印证了笔者此前提及的猜测，即式的条文内容应当包含了工作守则，或许也包含了形式性的规定，例如不同官阶服制等规定。

　　公元 651 年、公元 685 年及公元 737 年，即高宗、武皇及玄宗在位期间所进行的式的修订工作，则是在一般性的律法修订之框架内展开的。而公元 662 年、公元 676 年、公元 685 年、公元 705 年、公元 707 年、公元 715 年及公元 718 年所开展的式的修订，则与格的修订一并进行。此外，目前仅知，公元 662 年和公元 676 年的式的修订，仅限于调整当时新增的曹局之名与官号，式的修订工作本身并无实质意义。

　　除此以外，尽管目前我们对唐式修订的客观内容一无所知，但

---

① 　参见《旧唐书·刑法志》6b 处。

可以确定的是，鉴于唐式的规模由十四卷增至二十卷，因此，式的 36
修订较律令修订而言，不仅更为频繁，而且多与唐格修订一并进行。
从史料的反复记载中，我们也不难看出，当一项诏敕以式的形式出
现时，该诏敕的法律效力应具有稳定性。

因此可以认为，较之律令修订，唐代对式的修订更为频繁。与
那些因编入唐格而获得生命力的诏敕相比，式在唐代立法中经历了
更为重要的发展和变迁。

六、格、诏敕汇编和类书

格，是以法典的形式颁布的诏敕汇编，它是唐代立法最精彩活
跃的部分。首先，基于前文研究之假定，唐代律令均由前朝旧制一
概承继而来，鲜有变动。格则是唐代立法之创新，其条文创设或依
日常所需，或就特定案件，或因偶见的法学观念变更，而得以促成。
其次，唐代律令以皇帝批准为当然前提，在这一点上，尽管格和诏敕
有别于律令，但在内容上也仅反映本朝帝王将相意旨，与前朝无涉。

唐格编纂的皇帝诏敕可分两类：其中一部分诏敕以事先的抽象
性的立法考量为基础而形成，这些诏敕与唐代律令均为法律规范；
另一部分诏敕是皇帝针对个案——以法官判决的形式——做出的命
令与决断，这部分诏敕能废除既有的法律规范，具有普遍和恒定的
法律效力[1]。《唐六典》亦云："当时制敕，永为法则。"[2]

---

① 　参见后文第四章第三节"判决"项下相应记述。
② 　《唐六典》6/6a处：当时制敕，永为法则。

37　　　　部分史料认为，式也具有法律效力的恒定性与普遍性特征。但笔者以为，从现有史料并不足以得出这一观点。

　　此外，欧洲法上那些通常不由最高立法者颁布，而由下级政府机关颁布的名称不一的"法令"，也无法与"格"相提并论。首先，就法律规范的类别而言，格包括但不限于那些位阶较低的法律规范或实施细则。其次，就格的法律规范的效力位阶而言，由于格只包含皇帝指令，且这些指令通常仅是皇帝批准大臣的上书而已，所以，格既包括了位阶较低的法律规范，如实施细则，也包括具有根本性的、位阶最高的规范和新创制的法律规则，后者的重要性甚至与唐律旗鼓相当。最后，就格的效力层级而言，格的效力位阶在律令之上，可以废除律令中与之矛盾的规定。

　　考证"格"的名称由来就会发现，作为一部法律的名称，"格"最早见于（公元386年后）（北朝时期）魏末《麟趾格》*。由于这部格的编纂地点为麟趾阁①，因此《麟趾格》的"麟趾"二字取自"麟趾阁"，尽管我们能够知晓《麟趾格》的名称由来，但对其内容却一无所知。此后（公元550年后），北齐曾颁行过一部《权格》，就目前所知，我们认为这部格具有与律令相同的法律效力。最后，隋朝曾颁行过一部《开皇格》，这部格的内容虽鲜为人知，但从陈顾远②对这部格的零星叙述可以推断，《开皇格》包含了行政法，尤其是职官法的规范。总体而言，上述几部格的内容只是格这种法律形式的冰山一角，因此并无足够证据证明早期的格在法律性质上与

---

　　*　指北魏分裂后的东魏。——译者

　　①　《唐六典》6/6b 处。

　　②　《中国法制史》，第 118 页。

唐格相同。

　　格的素材渊源中一部分源于"故事"，具有密切联系实际的特点。基于唐格与"故事"的内在联系，格的名称也与"故事"的名称嬗变紧密相连。是故，格的名称变迁也在意料之中，首先，《唐六典》6/6b 的历史概论中，在记录先朝"故事"三十卷时，记载了格这种立法形式，其中包括（公元前 206 年及后续年间的）"具有刑法性质"的汉代"故事"* 三卷本，公元 265 年至公元 419 年"与律令一并生效的"包含当时皇帝诏令的晋朝"故事"三十卷。其次，《唐六典》还记载，梁朝（公元 502 年至公元 556 年）** 曾将"故事"改名为"科"，称为《梁科》三十卷。而陈朝（公元 557 年至公元 587 年***）亦仿效了"科"之称谓。最后，东魏（公元 534 年至公元 543 年****）将"科"改称为"格"。

　　综上所述，格的名称早于唐代就已然存在。而《故事》或被赋以其他名称早已存在，也是不争的事实。尽管如此，格的独特性质——法律规范集一般性、抽象性与个案裁断性于一体——显然肇始于唐代。与此同时，格也从唐代开始具有举足轻重的地位，它不仅是唐代的立法重心，也是国家法律政策的重要载体。但是，格在唐代立法和司法政策中的重要作用并非在唐朝初年就已显现，而是随着唐朝的发展而逐步凸显。而且，格的这种发展进程在宋朝和元朝进一步得到了延续，并未伴随唐朝的终结而终止。但显而易见的

---

　　*　　指《律令故事》。——译者

　　**　　此处有误，应为公元 557 年。——译者

　　***　　此处有误，应为公元 589 年。——译者

　　****　　此处有误，应为公元 550 年。——译者

39 是，格的这种集一般抽象的规范和个案裁断的规范于一体的特质，随着其逐步发展而渐渐淡化，直至格这种立法形式再次消失。

作为首部唐格，"五十三条格"是由唐朝开国皇帝高祖于其执政初年，即公元618年颁布施行的。就目前所知，"五十三条格"主要围绕官员赦免这一主题展开，后编入唐律。这部格在内容上旨在实施宽简之刑，在立法目的上意图废除隋朝严苛旧法，因此可以推测，"五十三条格"的法律条文中应当包含了刑法性的规范。无论是前朝已颁布的格，还是唐代继"五十三条格"之后新颁布的格，这些格所汇编的诏敕内容迥异，而"五十三条格"却在内容和形式上独具特色，并且自成一体。因此，之所以仍将"五十三条格"称为"格"，或许是因为，公元618年颁布该部格时，难以把新创制的规范纳入当时常用的律、令、式这三种法律形式中，因此才不得不采用了"格"这种法律形式。所以，首部唐格"五十三条格"仅徒有其名，并非严格意义上的格。

直至公元637年，即唐代第二位皇帝太宗执政中期，唐代才藉当时首次大修律法之契机，编纂了这种兼具一般抽象性和个案裁断性的真正意义上的唐格，也是真正意义上的首部唐格。这部名副其实的唐格共计十八卷，将唐朝自开朝以来颁布的三千项诏敕改编为七百条——这也是唯一一部能够明确条文具体数量的唐格。这部唐格在编撰体例上，以唐朝尚书六部二十四司之编制为依据，以二十四司之名为篇名。此外，该次修格另编一卷，规定了有关尚书省日常工作必要规范的《留司格》，即"留本司之格"，而前述（共十八卷）规模较大的格则被简称为《新格》或《贞观格》。《新格》与《留司格》的划分也标志着唐格二分之制的诞生。此外，公元651

年高宗大修律法的后部法典编纂中不仅保留了《新格》与《留司格》40
这两部格的名称，而且对唐格的二分之制进一步巩固强化：（高宗
将）当时留置于中央机关的格称为《留司格》，而将其余的格称为《散
颁格》（或《散颁天下格》），即"颁行天下的格"。其中《散颁格》仅
七卷，较十八卷的《留司格》相比，篇幅甚小。尽管这两部格仍使
用了"永徽"年号，但究竟高宗颁布的《散颁格》二十四篇篇名，是
否与《贞观格》同样采用了二十四司之名，则不得而知。《唐六典》
6/6b 仅记录了高宗颁行《散颁格》共二十四篇，除此之外，未对篇
名之疑问予以澄清。有观点认为，高宗颁布的行用于地方的《散颁
格》在篇名上，并未采用《留司格》的那种对应中央机关编制的篇
名划分形式。

　　此后，高宗在位时，分别于公元 662 年五月和公元 676 年七月
进行了两次唐格修订。这两次格的修订均缘于当时百司及官名修
改之契机。修正后的新格并未使用当时的皇帝年号，而是保留了公
元 650 年至公元 655 年的"永徽"年号。为便于区分这两部新格，
编纂者在公元 662 年五月修订的唐格的名称前附加"中"字样*，在
公元 676 年七月修订的唐格的名称前则附加"后"**字样①。此外，
公元 662 年的唐格修订限于修改百司及官名，而公元 676 年的唐
格修订则是以"增补（后补）格"的形式对唐格进行了实质修正。两
桩事实可予以佐证，其一，史料仅提及《留司格》的新篇名，未提
及《散颁格》的篇名，这可能表示，当时的唐格修订只是修改《留司

---

　　*　　指《永徽留本司行格中本》。——译者
　　**　　指《永徽留本司行格后本》。——译者
　　①　　参见笔者在后文《旧唐书·刑法志》6b 处第 ⑤ 项注释。

格》。其二,《旧唐书·经籍志》与《新唐书·艺文志》均记载《留司格》有十一卷,但此前在公元651年已颁行的格的数量已经达到了十八卷。格的这种数量上的逆向减少,不仅不符合逻辑,而且难以解释。事实上,由于唐代不断颁行新的诏敕,导致格的数量与日俱增,考虑到唐格在数量上的这种一贯的发展趋势,能进一步认为,公元676年的所谓"新格",其实只是公元651年旧的《留司格》的增补本而已。公元676年新格虽然时间距公元651年《留司格》约二十余年,其增补本共计十一卷,规模不小,但也不足为奇。对此可将公元705年至公元715年这十年间所进行的唐格编纂的相应规模与之类比:首先,公元705年新格所编纂的是过去二十年来的诏敕,共计七卷。其次,公元710年新格所编纂的则是过去五年来的诏敕,共有十卷。最后,公元715年新格所编纂的是过去五年来的诏敕,也有十卷之多。

倘若公元676年的《留司格》当真是一部增补格汇编,那么其编纂程序也可能与以下时期所确立的立法实践有所重合:现有的"格汇编"由隋朝旧制承继而来,在此期间新颁布的诏敕则以新格的形式进行编纂。倘若某一帝王在位期间新颁布的诏敕数量过于庞大,则以"后本"形式汇编。

但是,武则天正式执政后的公元685年的大举修法中,是否遵循与延续了格的上述编纂程序,史料并未明确记载。首先,公元685年的修法过程中编纂了一部仅为两卷的小规模的格,这部格称为《新格》或《垂拱格》,由武氏亲自作序,包括了自唐初至武则天执政期间的诏敕。目前对公元685年修格以外的其他修法工作所知甚少。其次,新旧《唐书》和《唐会要》载,《留司格》计六卷,《散

颁格》计三卷 *。上述史料记载这两部格时，并未附注当时的皇帝 42
年号，这是一个例外。再次，与高宗的前次唐格修订相比，武氏所
进行的公元 685 年的唐格修订，规模较小，但这也说明，公元 685
年的武氏修格仅是对自公元 651 年以来的三十四年间新颁布的诏
敕进行了汇编。《新唐书》卷五十八《艺文志》也记载另有十卷《垂
拱格》。但是，其他史料都没有对这部格的名称和归类有所记载。①

　　武则天之后的帝王都通过编纂新格的形式，将其在位期间新颁
布的诏敕进行立法。首先，中宗曾于公元 705 年颁布了七卷本的《散
颁格》，这部格编入了自公元 685 年以来新颁布的皇帝诏敕，但却
沿用了"垂拱"这一前朝年号。其次，睿宗于太极年间（公元 710 年），
新颁布了十卷本的格，但这部格究竟是《留司格》还是《散颁格》，
则不得而知。再次，玄宗在执政初期，于公元 715 年颁布了同为十
卷的《开元格》，但由于三年之后确有必要另行编纂十卷本的新格，
因此，称公元 715 年颁布的格为"开元前格"，而称公元 718 年颁布
的格为"开元后格"。此外，玄宗又于开元年间颁布了一部新格，这
部格颁布于公元 737 年，计十卷，称为《开元新格》。

　　在公元 737 年《开元新格》颁布之前，唐代已经在公元 731 年
首次使用唐格的另一个新名称："格后长行敕"。当时已不再将编纂
完毕的六卷本的诏敕汇编称为格，而简称为"格后长行敕"，这项称
谓沿用了一段时间，只不过在使用时省去了"长行"二字，径行称之

---

　　*　此处有误，应为两卷。——译者
　　①　《新唐书》卷七还记载，另有一部格应称为《垂拱散颁格》。但从评注部分可以
得出，该部格指的是于公元 705 年，即唐中宗在位的神龙年间呈上，该格仅保留了前朝
武皇的年号而已。

43　为"格后敕"。现有史料共七次记载了这种"格后敕",分别是德宗执政时于公元 785 年编纂的格后敕 *,顺宗在位时分于公元 807 年、公元 815 年及公元 818 年编纂的格后敕,以及文宗在位时分于公元 827 年至公元 830 年、公元 833 年及公元 836 年编纂的格后敕。汇编格后敕的工作常耗时多年,且非全奉皇命而为,不乏个别官员纯粹出于个人兴趣所作,汇编格后敕有时须经不同机构或官员重复审阅筛选,方得以完成。但格后敕究竟如何分类编排法律素材,尚无从得知。但可以明确的是,此前的新格编纂已不再区分留置于中央机关(本司)的"留司格"和发往地方机关的"散颁格"了,而且格后敕的汇编也完全放弃了这种区分。但是,格后敕与格在诏敕的选择上,是否采用了相同的标准,不得而知。至于格后敕究竟仅选取了那些作为法律规范持续生效的诏敕 ** 进行汇编,还是将所有诏敕不加选择地一概汇编,尽管后者似与格后敕的诏敕规模更为相符,但却无从知晓。

继上述七部格后敕,唐代还曾两次出现"格"的称谓。其一是公元 836 年的《开成详定格》,这部格所选取的是自公元 738 年以来的诏敕,也就是自最后一部唐格颁布以来的诏敕,因此,这部格更多的是一部先前意义上的唐格。其二是公元 839 年颁布的《刑法格》,这部格是一部较为专业的、限于刑法内容的唐格,不属于唐代较早意义上的唐格。

唐格的上述立法形式,一方面包含行政性的具体适用规范,另

---

　　*　指《贞元定格后敕》。——译者
　　**　"取堪久长行之诏敕"。——译者

一方面涵盖了有约束力的司法判决，这种立法形式存在两类规范边　44
界互为混淆的弊端。其次，除了这两种规范，唐代还并存多部法典，
故而不可避免地陷入了立法前后矛盾、极为混沌的困境，下文将反
复阐述格的这种立法矛盾和内容混沌弊端。

　　首先，反复审阅修订律法，是唐格立法前后矛盾困境的唯一对
策，即一方面随时将新的诏敕编入现有立法体系，另一方面通过编
入那些前文未提及的其他时期的诏敕来减少规范间的互相矛盾。

　　其次，编纂类书能够化解唐格立法内容混沌之困境。就编纂体
系而言，类书是依据律、令、格、式的客观联系来组织，此种编纂方
法既便于法官迅速锁定被新格修正了的律文并能相应补充，也有利
于那些担负立法任务的官员开展工作。而具有上述形式功能的首
部类书 *，则于格的立法高潮期——公元 737 年编纂完成，该书共
计四十卷。此后，公元 851 年及公元 853 年，另有两部类书接连问
世。其中前者，即公元 851 年成书之类书 ** 共六十卷，仅对唐朝开
朝以来至类书编纂之时（公元 628 年至公元 651 年）**** 的此前共
计 224 年的诏敕进行了编纂，该部类书将这些诏敕编为六百四十六
门，两千一百六十五条。而后者，即公元 853 年成书之类书 **** 则是
一部民间作品，所编内容涵盖了律、令、式的法律规范，共十二卷，
一百二十一门，一千二百五十条，规模小于公元 851 年类书。此外，
目前我们对公元 737 年、公元 851 年及公元 853 年所编三部类书的

---

　　*　　指《格式律令事类》。——译者
　　**　　指《大中刑法总要格后敕》。——译者
　　***　　此处有误，应为公元 851 年。——译者
　　****　　指《大中刑法统类》。——译者

45　具体内容则知之甚少。

　　在唐代，一方面，立法前后矛盾与内容混沌之弊端随时间推移不断凸显，另一方面，律法还存在类推适用的困境。正如前文所述，唐格编纂的诏敕或是针对具体个案，或是针对特定的时间事项，这些诏敕蕴含的法律理念或具体规则在唐代却被认为不仅适当而且具有典型意义，因而具有持续与普遍的法律效力。正因如此，唐代才将这类诏敕编入格或诏敕汇编之中。而恰恰是诏敕个案指向的特性，才使得对诏敕中的那些指向个案的具体规则进行解释，以进一步剖析和抽象出其中蕴含的具有普遍性意义的规范，变得确有必要。而这种解释的方法也无法避免与法律解释相伴相随的各色疑虑和意旨偏差。在当时的中国法律体系[①]下，一方面，在法律制定层面，唐代立法较为排斥一般性的法律规范与原则条款，通常以绝对性的和罪刑明确的法律规范为主要内容。另一方面，在司法裁判层面，无论是唐代的法官，甚至是特殊情况下扮演法官角色的帝王[②]，他们均不享有罪刑自由裁量权。在审判中，法官只以明确具体的法律规范作为裁判准则。在这样的法律体系下，进行法律解释时所产生的疑虑和偏差，也许变成了一个新的问题，甚至是一个令人困惑的难题。此外，如何对待这些与日俱增的格和诏敕，也成为当时习惯于严格按照律令解释的法官需要面对的新难题。唐格适用的必要性为法官提供了一个更为自由地进行法律解释的平台，而这种通过"故事"类推所形成的法学观点，则被赋予另一种特定称

---

　　①　上述说法究竟在多大程度上符合中国法律史中的其他时代，笔者在此不作明确表态。

　　②　参见后文第五章的记述。

谓——"例",通过"例"来解释唐格有别于前文述及的律的类推 46
适用。因此,后人对唐代法官"戏"法和皇帝反复抵制的诸多置诟,
亦不足为奇①。

唐格编纂的诏敕中包含的惩罚性规范,其法律效力具有持续
性,但这些诏敕究竟应如何解释,则十分困难。此外,至于那些未
被编入唐格的诏敕,或是那些尚未编入唐格的诏敕,还有另一先决
问题亟须解决:这些诏敕是否也具有法律规范的性质?欲解决这一
问题,就需要了解格和诏敕立法的高潮期,即公元709年皇帝的一
项规定。该项规定明确,倘若诏敕未明确具有法律规范的特征,就
应禁止类推适用该类诏敕②*。公元737年,一位朝廷高官在一项奏
议中亦认为,就诏敕编纂而言,所有尚未收录编纂于唐格的诏敕,
应当不再适用③**。

---

① 可参见如《唐会要·君上慎恤》第83段所载公元830年诏敕,《定格令》第29
段所载公元726年诏敕,以及《议刑轻重》第41段所载公元705年诏敕。

② 《唐会要·定格令》,第27段。另见《唐律疏议》第486条:"临时处分,不为
永格者,不得引为后比。若辄引,致罪有出入者(第487条"官司出入人罪"),以故失论。"
关于《唐律疏议》第487条的条文参见笔者所译《旧唐书》(本书第94页注释④)。

* 景龙三年八月九日敕:"其制敕不言自今以后永为常式者,不得攀引为例。"——
译者

③ 《唐会要·定格令》,第17段。

** 开元二十五年九月三日,兵部尚书李林甫奏:"今年五月三十日前敕,不入新
格者,并望不任行用限。"——译者

第四章　唐代法律渊源

一、方法论

无论是历史上的法，还是现行有效的法，在法律比较时区分以下四类法律渊源，确有裨益 ①。其一，是拥有立法权的统治者或统治集团（内阁、议会等）所制定的法律。其二，是整个民族或特定人群沿用而成的习惯法。其三，是官员的司法判决和司法实践，尤其是法官在法律解释适用过程中得出的格言和判断，虽然判决和司法实践在理论上未必是所有国家的法律渊源，但从法律比较的目的来看，却可视为一类独立的法律渊源。其四，是法学学说和教义，它们作为法律渊源，在各国意义迥异。

或许就中国这样的本土法、固有法而言，法律渊源的上述分类方法过于机械，不甚恰当，不宜适用。但唯有借助此种并非某个国家法律内生，而是外来的方法展开法律比较，方能实现以下目标，即辨识和描述某国法律、某一法律制度、某项法律规范的特征。至于这种方法是否会得出否定性结论，则无关紧要，否定性的结论本

---

① Vgl.z.B.J. Bryce, *Studies in History and Jurisprudence*, New York, 1901, p. 671f.

身或许也有所启示。

但上述方法因缺乏完整的既定框架，可能会遗漏某个国家法律特有的法律渊源。虽然这种"挂一漏万"的风险乍看之下似乎不太可能，但传统的中国法却恰恰如此，后文第六节有关"经典典籍"的内容将对此予以例证。

二、皇帝作为立法者

唐代的中国虽是一个专制国家，但在某种程度上也已部分具备了以法律确立的民主①制度。史料记载，皇帝作为中央最高和唯一的立法者，通过国法之外的因素，即良知、理智、国家至上原则，当然还有某些传统制定律法。此外，皇帝立法无所限制。大臣仅为帝王立法建言献策，唐代并不存在立法过程中的一票否决机制。

如第三章所述，唐代的这种因循传统的观念即便不能阻挠皇帝变革部分律法，也已构成掣肘，致使前朝律法得以保留或者至少未有大变。尽管唐代的格和诏敕的发展历程表明，皇帝显然能够规避这种以恪守旧制为使命的传统观念，但唐律大都保留旧制。

强调传统立法的变革也与法概念本身蕴含的连续性要求相悖。唐代，尤其是唐初高祖、太宗及高宗在位时，曾反复出现以法的延

---

① 例如，至今仍保留的科举制度为每位公民提供了通过考试成为官员的路径。还有在国家法律文献、官方文本及实践中所确定的，百姓以革命反对昏君，动摇甚至倾覆其"天子"之位。此外，君主应遵循经典言说，通过经典最大程度地限制君主专断。最后，礼的一般性的约束效果尚存，我们至今仍能从"丢面子"这一说法中找到其中的部分影子。

续性为依据，希望能够恪守旧制的诉求。例如，大臣在劝阻太宗新设断趾刑时曾论理："今复设刖足，是为六刑。"[1] 虽然，该主张只是针对传统五刑数量这一外在形式性的变化，却以传统经典作为依据。大臣的理由虽未对废除断趾刑起到决定性的作用，但也有所助推。此后，肃宗在位时一度废除死刑，但刑部主张重纳死刑并顺遂，其理由也正是四刑倘若缺一，则不合五刑旧制[2]。于此，遵循古法之论，功不可没。

唐代主流观点认为，法是持续生效、不得肆意更改的秩序。对此太宗曾有非常明确的表述[3]："法者非朕一人之法也。"[4] 唐代的司法判决也反复体现了法的延续性这一基本要求[5]。

但是，传统旧制对皇帝的拘束力比诸国法层面的要求，毋宁更具道德性质。

由于皇帝无暇顾及技术细节，律令的编纂修订自然由大臣操刀。令人诧异的是，大量案件表明，皇帝也关注具体问题，对个别立法疑义也有己见。但无须就此断言，皇帝批阅了所有奏折，或拟定了所有诏敕，或亲自下令确定了奏折诏敕的细节。现有史料充分显示，皇帝在一些案件上是如何驳斥与否决大臣的奏议或诤谏的。皇帝既不会草率地同意大臣的立法建议，也不会未加批阅就决定准奏。

---

① 《新唐书·刑法志》3a 处、《旧唐书·刑法志》3b—4a 处。
② 《唐会要·议刑轻重》，第 45 段。
③ 《唐会要·议刑轻重》，第 34 段。
④ 也见《新唐书》7b 处载："（盖法令在简，简则明，）行之在久，（久则信）"。
⑤ 如《唐会要·议刑轻重》《唐会要·臣下守法》以及本书第五章的记述。

中国法律体系的独特之处在于，皇帝不仅关心一般的法政策，而且极为重视个别立法难点与司法个案，尤其表现在刑事立法与刑事案件之中。从相关史料所观察到的这种帝王在立法司法中亲力亲为的现象，其程度之深，在其他人口大国的君主中鲜有能与之相提并论者。而刑法以外的其他法律领域中，也鲜有如此长期的高官修法或皇帝参与立法之现象。这符合——或者也是因为——刑法在国家政策中所具有的举足轻重的地位。阅读史料可知，大规模地使用刑法是皇帝重要的执政手段，这在许多国家十分常见。以良政善治为目标的内政考量中，刑罚轻重的改变似乎居于首要位置。刑法不只是处理常见轻微刑事案件的司法手段，还是巩固内政外交的政治手段。就外交而言，有理论论证，中国最初的刑法已包括军事措施，认为刑事司法既要在军事行动上"（大则）陈之原野"，又要"（小则）肆诸市朝"①。这些语句特别强调了刑法的政治意义。唐代刑法与刑罚的目标，不仅旨在恢复被侵害的权利，更多的是服务于国家的政治目标。而刑法在其他国家的代表性功能，例如复仇等，则在唐代位居其次②。 51

三、判决

如果继续追问，唐代的司法判决是否具有创设法律的意义，就不难发现，这个问题因皇帝兼任立法者和最高裁判者这一双重身份

---

① 本书卷二"译本"中《旧唐书·刑法志》译文及第 74 页注释④。

② 遗憾的是，此处的观点没有相关史料佐证，因此不能通过法律比较来进行准确的考证。

而难以探究，甚至问题的提出本身就值得商榷。尽管如此，探讨判决的法律创造力仍对澄清问题本身有所裨益。此外，我们还应对皇帝和裁判机构这两类主体做出的判决加以区分。

目前，对于具有裁判职能的机构 ① 或由最高审判机关大理寺做出的判决汇编，我们知之甚少。而且，史料刊印的判决中也无一涉及由机构做出的较早时期的判决。由此，必然得出以下结论，即唐代的司法审判通常不以机构的判决先例作为参考，或者说，参考判决先例不如在其他国家那样具有举足轻重的地位。否则，现有史料或机构判例汇编中至少应对其提及一二。然而，上述结论不仅与中国人在国家行政管理等各领域都欲沿袭传统的总体立场矛盾 ②，而且正如其他行业一般，与法官利用先前积累的经验来判案这一大体印象也截然相反；最后，上述结论还与中国法律史后期 ③ 确实存

52

---

① 下文将"机构"（有司）这一概念作为与"皇帝"相对的概念进行使用。由于（唐代的）很多机关也能行使裁判以及刑事裁判之职能，所以下文将不使用"法院"这一概念。

② 政府——及官员的行政活动——应沿袭旧制这一观点，与本文后附所译史料也多有矛盾，参见卷二"译本"中《新唐书·刑法志》1a 处及注释 ① ；《旧唐书·刑法志》16b 处陈子昂奏议（以及第 113 页注释 ①）。至于汉代董仲舒的学说（请参阅 Granet, *Regierung auf Grund der Geschichte, La Pensée chinoise*, p. 577 ; O. Franke, *Studien zur Geschichte der konfuzianischen Dogmas und der chinesischen Staatsreligion*, Hamburg, 1920; Seufert, *Urkunden zur staatlichen Neuordnung unter der Han-Dynastie*, MSOS XXIII, 1ff.），其学说与法家学说相悖。因而产生这样一个问题：在唐代（礼与法）这两个国家政治的指导方针，究竟哪方更占上风，或者两者如何同时发挥作用？由于该问题必然涉及《唐律疏议》，最好是能够以《唐律疏议》的完整译本为参照，基于上述原因，对此笔者不作表态。

③ 从清朝以来就流传机构判决汇编。但这种判决汇编是否在唐代之前就已存在，则值得怀疑。《旧唐书·经籍志》及《新唐书·艺文志》所称的"故事"汇编的篇名，可能仅包含皇帝的判决，但笔者并不确定。

在机构判决汇编这一事实大相径庭。因而笔者对上述结论也心存怀疑。

当然，皇帝作为最高裁判官，他所做出的判决也有助于支持上述（司法审判不常参考判决先例的）结论，只不过力度有限。

在唐代，重大案件会立即呈上，而且根据程序性的规定[①]，该类重大案件需累积到一定数量方能呈上审阅。唐代还规定，人人有权在最后一级审判程序中提请皇帝裁断[②]。但个中细节，尤其是提请圣上裁断的案件的范围、频率及方式，史料未有明确记载。尽管史料对皇帝亲自决断案件的记载已为数不少，但自整体而观之，也只是沧海一粟。

皇帝的判决以诏敕的形式颁布，正如本书第三章第五节所述，53只要判决包含了能够适用于后续案件的标准性的法律规则，那么该项判决就会和其他重要的法令一并编入唐格之中。通过将个案判决编入格这一步骤，仅具有个案效力的判决便被明确转化为普遍生效的法律规则。尽管现有史料未对其转化的具体细节有所记载，尤其没有记录，当时究竟如何提炼判决蕴含的法律规则，并将之编入唐格，但就当时存在上述变化这一点而言，毋庸置疑。

通过上述转变，皇帝作为最高审级的判决汇编也就自然形成了。但这些判决已不只是通常形式的"故事"，它们对后续案件的效力或影响力在于，它们虽然不是立法文件，但在事实上却被法院所践行。在唐朝，这些判决的权威源于其颁布者——集权力于一身

---

① 参见《唐六典》6/9a 处、11a 处、11b 处；《唐律疏议》第 8 条及后续条款（第二卷第 1 条及后续条款）。

② 《唐六典》6/11b 处。

的立法者皇帝，皇帝亲自颁布的法令都具有绝对的权威。但是，诏敕并非在编入唐格之后才具有拘束力，可能在此之前就已具有拘束力[①]。只不过官员在考证某项诏敕究竟只是针对个案，还是包含了一般性的法律规则时，难免会陷入困境，而将诏敕编入唐格只是为官员解决这一难题提供便利而已。此外，格的编纂的时间间隔并不具有规律性，旧格所含的诏敕在新格颁布后仍具有约束力。但目前史料中时有质疑、尚无定论的是，那些未编入格的旧的诏敕是否也具有普遍的拘束力。仅举一例，公元 685 年皇帝曾颁布过一部简短的格，该部格编纂了唐初以来的诏敕[②]，且所编诏敕显然是那些尚未编入唐格，但已经生效的旧的诏敕。最后，机构在编撰一部明确的唐格时看似必须贯彻必要的观点，而那些未编入格的旧的诏敕[③]，原则上则不应加以适用。

　　由于唐代所处的时代及其执政体系远未区分立法、司法和行政规范间的细微差异，因此很难认为，诏敕只有在编入格之后才正式成为立法文件。尽管就区分行政、司法和立法规定本身而言，这种区分是源于欧洲的政治需要，但欧洲的实践本身也没有对此区分严格遵行。倘若以此来考量诏敕的性质，则容易得出错误的认识与结论。

　　而就立法性的和司法性的判决这两者之间的模糊边界而言，笔者也不想将皇帝的司法性诏敕视为权威解释。正如史料例证，司法性诏敕通常并非解释法律疑难问题，而是旨在重新创设法律规则，

---

①　参见前文第三章第六节的记述。
②　《旧唐书·刑法志》11b 处；本书卷三"索引和列表"中立法列表第 25 项。
③　参见《唐会要·定格令》中公元 737 年的李林甫奏议。

其至是皇帝故意违背现行律法来新创法律规则。因此，无论是性质 55
还是范畴，司法性诏敕均有别于权威解释。但是，在国家政策的功
能上，司法性诏敕与权威解释较为接近，因此，将司法性诏敕与中
国现代法律制度中的权威解释进行比较，也是确有裨益的。

清末，朝廷在仿效欧洲模式首次重构法院体系时，颁布了一些
与权威解释相关的条文。1910 年 2 月 7 日颁布的《法院编制法》第
35 条中，委任"大理院卿统一解释法令的必应处置之权"；而后又
在 1919 年 5 月 29 日呈准的《大理院办事章程》第 202 条至第 210
条中，具体规定了下级法院机构将法律疑难案件上呈大理院进行解
释的程序；1928 年大理院移至南京后，法令解释职权又被转让给五
个最高国家机关（立法、行政、司法、考试、监察五院）之一的司法
院[1]，并通过一部特别法律来对司法院法令解释的职责和解释程序[2]
加以规定。此后，司法院常行使法令解释职权，所作解释也多达数
千例。在形式上，司法院的解释与法律规范具有一定的相似性，均
采用抽象形式，并隐去了诉讼主体的具体姓名。在法律效力上，司
法院的解释的公开程序与法律条例相同，也在司法院和政府公报[3]
上予以公布，对下级机构具有拘束力。

---

① 1928 年 10 月 20 日《司法院组织法》第 3 条（后来又有新版本的规定）。

② 1929 年 1 月 4 日《司法院统一解释法令及变更判例规则》。而 1936 年 5 月 5
日最终版本的《中华民国宪法草案》也在第 79 条规定，司法院有统一解释法律命令之权。
《中华民国宪法草案》英文翻译参见 *China Year Book 1936*，第 150 页以下。

③ 自 1929 年至 1937 年颁布的判决之中，具有民法内容的判决已由 F. Théry 翻
译为 Les interprétations du Yuan Judiciaire en matière civil，Tientsin，Le Droit Chinois
Moderne 汇编，1936 年第 1 卷、1939 年第 2 卷、1940 年第 3 卷。

56　　　　因此，就司法与立法的相互关系而言①，中国的现代法律与古代
的司法体系在理念上有着明显的联系。尽管现代的判决系由审判
机关，而不再由国家首脑或立法者个人做出，但这种变化的根源还
是在于国家组织形式本身的变化。此外，最初由大理院享有的职权
转移给司法院后，法令解释不再只具有司法行为的性质，还掺杂了
政治色彩，这一转变使其与早期唐代机构的初始职能十分接近。

　　此外，唐法作为"判例法"是有据可查的，但所谓"判例法"
也仅限于那些特定的皇帝诏敕。绝无证据证明，唐代的法是"法
官法"。

四、习惯法

　　现有史料尚无证据表明，唐代的立法或判决中，人们的习惯或
习俗曾扮演了类似于法的角色。

　　正如前文所述，在唐代，皇帝的地位决定了习惯无法具有法律
意义。皇帝因天命代为巡守，以律法独治天下②。在唐代，不存在人
民在皇命以外通过习惯形成法律规则的可能性。即便存在这样的

---

　　①　类似的机构，笔者已在有关权威解释制度的比较研究以及其他国家，尤其是
早期的普鲁士法律的研究中明确，但一时无法凭印象做出引注，因此目前无法明确。
Riasanovsky 在他的论文 "The Application And the Interpretation of the Norm of Law"，
载《中国社会及政治学报》（*Chinese Social and Political Science Review*），第 22 卷，
1938 年第 3 期（10—12 月），第 284 页，介绍了有关外国法中限制法官解释法律、限制
立法者做出权威解释的下列例子：《优士丁尼罗马法》，1，17 C 2，21；《普鲁士一般邦
法》，第 46、47 条；1790 年 8 月 24 日《法国法》；1832 年《俄罗斯基本法》第 65 条。
但究竟上述例子与文中提及的中国法的规定的区别如何，笔者目前无法考证。

　　②　具体参见本章第六节关于经典的记述。

可能性,这些经由习惯形成的法律规则,不管是和钦定律法效力相 57
同也好,还是与意义稍逊的所谓的法的效力相同也罢,这种规则本
身都是错误的。

　　大量经典典籍蕴含的理念也深植于中国法的语言和概念之中。
法的概念由"礼"发展而来,与"礼"紧密相连。法作为典范,具有
教化功能。唐代的法作为国家重要的核心政治工具,与其他国家相
较,规模更大。习惯法规范无法具备法的上述特征,习惯既不具有
类似于法的拘束力,也不属于法的概念范畴,而是从属于社会秩序
的其他范畴。

　　因此,史料中鲜见有关习惯的法律意义的记载,亦不足为奇。
但这并不表示,不能按照其他标准将民间固定形成的习惯视为一种
法。所以,唐代可能也存在这种可称之为法的习惯(即习惯法),这
在后来得到了证实。然而,依据当时的主流法学观点,但凡这些固
有的习惯与律法规定的生活范畴存在矛盾,那么这些习惯无疑是违
法的,不得成为习惯法①。

　　尽管如此,习惯仍能在国家立法行政之外的社会秩序领域得到
发展。唐代存在着大量这样的"法外领域",最为典型的就是亲属
法、债法和商法,这些部门法不仅是民法的重要组成部分,还是国

---

　　①　这符合中国传统的法学观点,现代《中华民国民法典》第 1 条规定:"民事,法
律所未规定者,依习惯;无习惯者,依法理。"该部民法未采纳德国民法的相关规定,更
接近英国法的规定,显得更为民主,赋予习惯以法律的效力。参见笔者所著《中国民商
法典及有价证券法》(*Zivil-und Handelsgesetzbuch sowie Wechsel-und Scheckgesetz von
China*),马堡,1934 年,第 24 页、第 25 页、第 101 页;《中国私法渊源》(Die Quellen
des chinesischen Privatrechts),载 *Blätter für internationales Privatrecht*,1929 年第 4
期,第 196 页以下。

58　家立法与司法判决中尚未进行规定或规定尚不完备的领域。正如中国法律史后期所示，上述"法外领域"的规则显然由习惯形成。此外，在唐代，家长、族长及商业行会①负责调解争端，他（它）们也因此具备了其他国家通常意义上的国家机关的功能。

但若以其他国家所继受的"法概念"判断，这些"法外领域"的习惯究竟能在多大程度上具备法的性质，则有待更为深入的研究，已非本书之能力所及。由于清末的法学观与国家观仍然保留了中国古代法律体系的基本面貌，因此或许可以参考清末的法与习惯的相互关系来对"法外领域"的习惯进行类比理解。目前还能获得清末的习惯法律汇编②，只不过汇编仅限于民法领域，不包括商法。虽然汇编反复表明，其所编习惯由来已久，但汇编编纂的习惯所具有的鲜明的地方特色以及带给人们的那种不确定的印象，难以使人认为，这些习惯已经具备了法的属性。与之密切相关的是，《中华民国民法典》中反复援引习惯，而且在立法进程中未采纳首部草案选定的"习惯法"概念，仅采用了"习惯"概念。至于商法领域的习惯与习惯法的关系，究竟有多大不同，笔者虽然无法做出确凿判断，但可以认为，清末的商事习惯可能已经成为习惯法。

上述唐代的法的类似证据，或许可由新近出土并已出版的法律文献获得。

---

①　此处参见 Nussbaum 出版的《仲裁国际年鉴》(*Internationales Jahrbuch für Schiedsgerichtswesen*)，第 2 卷（柏林，1928 年），第 121 页笔者的论文及该页所作引注。

②　《民商事习惯调查报告录》，两卷本，南京，1930 年（商事习惯部分未出版）。此外还有《江苏民商事习惯调查会报告书》（该部论著笔者未亲阅）。

五、学说

　　学说的境遇与习惯如出一辙，依据主流国家观的观点，法学学说不具有创设法律的效力。

　　若是忽略那些论述一般国家哲学和社会哲学内容的文献不计，则所剩的民间法律文献便屈指可数[①]。唐代法律文献多为官方法律汇编，需作加工编纂的皇帝诏敕也由大臣奉命编纂。基于当时的国家体制，有识之士都志在经由科举考试步入仕途，故而民间法学研究不兴也不足为奇。唐代的法律研究由官员奉皇命而为，《唐律注释》这部学术作品便可佐证[②]。唐代官员奉皇命为圭臬，自然不可能对皇帝颁行的法律规范作学术批判性的介绍或探讨了。

　　于此还需提及唐初高宗时期的一桩史实[③]。当时，时任少卿的赵仁本撰写了一本法律小册《法例》，大臣们也用此书断案[④]。高宗发

---

　　① 《旧唐书》卷四十六《经籍志》及《新唐书》卷五十八《艺文志》所载的民间作品如下：

　　1. 卢纾：《刑法要录》，十卷。
　　2. 裴光庭：《唐开元格令科要》，一卷。
　　3. 李崇：《法鉴》，八卷。
　　4. 赵仁本：《法例》，一卷（该部作品参见下文）。
　　5. 崔知悌：《法例》，二卷。
　　6.《度之长行旨》，五卷。
　　7. 元泳：《式苑》，四卷（是一部关于式的作品）。
　　8. 张伾：《判格》，三卷（是一部关于令和判决的作品）。
　　② 参见本书第三章第三节的记述及本书卷三"索引和列表"中立法列表第17项。
　　③ 《旧唐书·刑法志》11a处。
　　④ 该部作品的推测内容参见笔者后文所译《旧唐书·刑法志》11a处第②项注释。

60　现后，立即禁止使用该书。高宗认为，当时的律文非以皇帝一人之
力可以完成，而是承继于前朝，不仅内涵先皇意旨，而且参详大臣
众议，律文已趋完备。既然现有律文已经明确完备，因此便无需再
以赵仁本的《法例》来指导大臣断狱了。由上述史实首先可以得出，
高宗并不喜欢过于技术化的法，而且唐代也多有观点认为，这种过
于技术化的法律难以被寻常百姓理解。其次，上述史实也给笔者如
下印象，皇帝不仅不喜欢过于技术化的法，而且不喜欢大臣"造法"，
即所谓的"法律人"法。皇帝不喜欢大臣"造法"或"法律人"法的
原因在于，这或许威胁到了皇帝的独断立法大权。与之类似的顾虑
不仅决定了皇帝的判决在立法与司法中的主导地位，而且也是皇帝
频频亲自干预司法的理由所在。皇帝的上述预防措施也是其他国
家设置权威解释机制的根源所在 ①。

　　毫无疑问，唐代进行法律的民间研究与当时的社会现实相悖：
在唐代，律法由人工誊写，部分条文留存于中央机关 ②，中央发往地
方的官方样本为数不多。仅举一例说明，公元 737 年的官方法学类
书仅制作了五十份样本发往全国 ③，由于样本屈指可数，自然无法覆
盖全国三百余省 ④。因此，当地方对律法存有歧见时，常需求助于中
央机构。正因如此，太宗于公元 628 年敕旨规定，各机构均应各自
筹措置备各类律法之誊本 ⑤*。

---

　　①　参见本章第三节第 55 页记述及相关注释（注释 ①）。
　　②　即《留司格》，参见第三章第六节（第 40 页）。
　　③　《旧唐书·刑法志》20a 处、《唐会要·定格令》第 16 段。
　　④　《旧唐书·刑法志》载公元 639 年有 358 省，公元 740 年，即法学类书推广之
时有 328 省。参见本书卷三"索引和列表"中唐代机构与官职名目录"府"和"州"。
　　⑤　《唐会要·定格令》，第 30 段。
　　*　"宜委诸曹司，各以本司杂钱，置所要律令格式"。——译者

基于上述理由，唐代民间法律文献的数量之少，对法律发展的　61
助力之微，实乃自然而然矣。

六、经典典籍作为法律渊源

由前述史料可知，唐代无论是在立法性和政策性的探讨中，还
是在个案裁决的商议时，常引经据典，尤以《尚书》《礼记》《周礼》
为著。一方面，唐代在开展立法性和政策性的探讨时，只是援引了
经典典籍中的法哲学原则；另一方面，唐代在进行个案裁决时，不
单单是引经据典，有时更是直接以经典典籍作为裁决的支持理由。
例如，皇帝 * 就康买得案中有关减（死）罪的裁决中曾作如下论证，
康买得为救父杀人，若判死刑，则与《礼记》《尚书》要求的顾及个
案具体情况再作决断这一基本原则相矛盾①。

另一案中，梁悦为父复仇杀人，而后投官府请罪。皇帝裁决梁
悦减死之刑，决杖一百并流放循州 **。皇帝在论理时援引《尚书》
中的"宁失不经"，认为，在疑难案件中，宁可冒违背经典之风险，
也不可杀无罪之人。皇帝反对经典典籍中关于儿子有义务为父复
仇的观点——当然典籍本身对这一观点的表述也语焉不详——相
反，皇帝认为，子并无为父复仇的义务。就此而言，我们甚至可以
认为，皇帝在经典典籍与律法两者之间，更倾向于依据律法裁决。
当经典典籍与律法规范有所矛盾时，依笔者观察，皇帝总在避免明

---

*　指穆宗。——译者

①　《旧唐书·刑法志》25a—b 处。

**　"宜决一百，配流循州。"——译者

62　确表态。但至少可以确定，在梁悦血亲复仇案的裁决中，经典典籍
与律法规范相比，并不具有优先性。

　　皇帝在对上述两则案例做出裁决时引经据典的原因有三。其
一，当时的律法规定僵硬，难以适用；其二，即使适用了当时的律法，
得出的结果也显失公正；其三，皇帝在引经据典时亦遵循了特定的
格式，因而可以确定，这些经典言说对案件的裁决而言，具有拘束
力。基于此点，视经典言说为法律规范，视经典典籍为法律渊源，
倒也合乎情理，这与外邦法中以《圣经》或《古兰经》作为法律渊源
加以援引十分相似①。

　　然而，作为法律渊源，经典典籍尚不能与律、令、格、式这四种
法律渊源相提并论。首先，经典典籍绝非律法，且无足够证据证明，
源自经典典籍的注文曾经属于较早的律文②。经典典籍所载的规则
更多的是一些一般法律原则，欧洲法上也存在着这种一般性的法律
原则，但是，法律对这些一般性的原则并不作明确规定。其次，经
典典籍既非习惯法，亦非学说，原因在于，经典典籍的规则既非源
自人民的长期实践，也非基于学者的研究发展。经典典籍更多的是
一种特别形式的法律渊源。

　　虽然我们常从一般层面就礼法关系展开讨论，但笔者在此不欲
深究。尽管目前对礼法关系的探讨尚不充分，尤其是多数论断声称

---

　　①　如 J. Bryce, *Studies in History and Jurisprudence*（《历史和法学研究》），第
644 页以下。

　　②　沙畹：《史记》（法译本），卷一，第 145 页（Chavannes, *Mémoires Historiques*，I，
p.CXLV）认为，《尚书》中的"律刑"一章包含了早期的律文，但对此未给出进一步的理
由。这一观点似乎更像一种猜测，笔者认为可信度较低。

的"礼尊法卑"的观点尚未得到实践证实，但对此加以阐述并辅以 63
必要佐证，已超出本书范围。本书对那些源于经典典籍的法律规则
进行论述已然足够，因此不欲对礼法关系这一难题再作深入探讨。

经典典籍中的法律规则也可兼为礼制规范或道德准则。而经
典言说作为礼与道德社会秩序范畴的规则，并不影响其成为法秩序
的一部分。若以经典典籍规则的出处为由，将之归为礼制规范，未
免流于形式，类似论证也未曾见诸其他国家法律史中。例如，有关
禁止杀人的规则并不因《圣经》同样含有这一内容而丧失其作为法
律规则的品格。无论是历史上，还是在理念上，宗教戒条、道德戒
律与法律常紧密联系、互相契合。这种礼法交融的关系在中国得到
了长期的保持与延续，而将礼法合一作为国家政策的基本原则，其
正确性也被历史证实。正如通常所见，某人或许兼有宗教、法律意
义，法律史中，也常出现某一规则兼具宗教、道德与法律意义的情
形。有时，宗教或道德制裁的事项，不仅能够通过法律规范加以制
裁，更会因为宗教、道德的谴责而使法律制裁更具权威性。从古至
今，规范和规范的适用总会呈现出这种多面性。

礼法规范的相互关系，则需在两者矛盾冲突的个案中，才能明
确。前述梁悦血亲复仇案中，皇帝当然看到了礼法之间的矛盾，但
却采取了回避的态度。皇帝在裁决该案后，命当时的最高国家机关
尚书省就礼法规范的冲突问题，草拟一份一般性的法律意见书*。尽
管目前史料并未记载尚书省最后得出了怎样的结论，但是，史料对

---

*　"礼法二事，皆王教之端，有此异同，必资论辩，宜令都省集议闻奏者。"——译
者

64 参与编写该意见书的大臣韩愈的奏议进行了复述。

　　韩愈在奏议中对经典典籍有关血亲复仇的内容，进行了详细的论述，并做出了评论，由此试图找到礼法规范矛盾的解决之道。但在这里，需要关注的并非韩愈的阐述，而是他对礼法矛盾的处理方法。韩愈论证的出发点是，虽然经典典籍允许血亲复仇，但律法并未对此明确规定 *。据此，韩愈进一步论证，法官只能依据律法来决断个案，而儒家经术之士则可依据经典议罪 **。依常理，或可认为，上述论证已是韩愈就礼法矛盾提出的解决之道，但韩愈并未止步于此，而是进一步要求皇帝通过立法确定礼法矛盾的处理方法，作为"定制" ***。韩愈在接下来的论证中，再次回溯经典典籍，认为倘若复仇者将他的意图事先告知官府，就应允许血亲复仇，应判无罪 ****。但这一观点与韩愈此前所述的"法官仅能依法决断"的论调自相矛盾。为了解决这一矛盾，韩愈建议应设新制，将后续该类案件交尚书省集中讨论，再奏请上意，皇帝则可依据个案加以斟酌裁量，如此既能"据礼制"，又能"征法令"，便能兼顾礼制与法律而无所失了。*****

　　无论是韩愈的立法建议，还是皇帝就梁悦案做出的裁决，他们都只是解决礼法矛盾的折中之策，并未针对礼法矛盾提出一个明确的解决方法。当时并未更改律法，只是解除了后续案件中法官自主

---

* "律无其条。"——译者

** "经术之士，得引经而议也。"——译者

*** "今陛下垂意典章，思立定制。"——译者

**** "将复仇，先告于士则无罪者。"——译者

***** "凡有复父仇者，事发，具其事由，下尚书省集议奏闻。酌其宜而处之，则经、律无失其指矣。"——译者

裁决的权力，转交由皇帝自由裁量。而皇帝的自由裁量权也算不上　65
是一个新的转变，事实上，此前皇帝也常如此决断，只是在个案中
无法明确，皇帝究竟是想要背离律法进行裁决，抑或只是行宽宥之
制罢了。

　　因此，即便对上述案件再作深入研究，也难以得出理想的结论。
唐代并未找到礼法矛盾的解决之道。正如皇帝诏敕及尚书省的奏
议所言，"礼法二事，皆王教之端。"唐代对礼法矛盾的解决之道也
只是言尽于此，至于礼法关系究竟如何，则未获置喙。韩愈立法建
议的唯一成果，就是废除了法院对所有疑难案件的自主决断权。但
这一新制是否真的付诸实行，史料却未作记载。无论如何，绝不能
认为，唐代的律法与经典相较位居其次。

第五章　"守法"概念：
律法对帝王大臣之拘束

　　若欲追问，帝王将相在判决时，多大程度上受律法约束？不谙中国法律传统的法律人或许会觉得，提出这一问题不仅令人惊奇，且多此一举。然而，史料中的诸多案例表明，大臣主张皇帝确有必要遵从律法。《唐会要》甚至特辟一章以"守法"为题加以阐述。上述两项足以表明，"守法"是唐代的一项重大命题。"守法"概念的思想背景，是以儒、法两家为代表的国家政治方针与哲学方向之争，儒、法之争的核心在于，依客观法秩序执政，或依主观标准行政，孰优孰劣？若采后者，依主观标准行政，则追求最优的裁量结果，重在以经典典籍教化民众。儒、法之争与中国的法的概念一样源远流长①。

　　前文反复提及，皇帝一人独掌国家大权，是当时的最高立法者、行政官与审判官，但这一至高无上的权力，成为依据客观标准严格

---

　　① 　此处不再介绍这场儒法之争及其国家哲学方针的细节，同时甚少介绍儒法两家的声明在唐代法律史中所提炼的"守法"和"威"的概念。这部分内容留待其他契机再作研究。笔者将本章开篇提出的问题局限于法律技术层面，法家就该问题所作声明仅作研究佐证之用。同理，笔者在所译史料中不再对法家文献的字面和意义注释加以明确。这些内容从注释本身就可得出。

适用律法的阻碍。在其他专制国家，也有类似现象，例如所谓的"内 67
阁司法"，是指政府或国家元首非法干预司法。但另一方面，封建
周朝灭亡后，中国逐步发展成为一个中央集权的国家。唐王朝外交
的巩固与强大，对以中央集权为特征的这种新的国家形式而言，可
谓功不可没。中央集权这一国家形式以明确的法秩序为前提，取封
建人治而代之。唐代这种不以经典圣人为圭臬，而以创设维系有拘
束性的法秩序为准绳的国家形式，至少对官僚而言是不可或缺的。

但上述中央集权的国家体系必然会出现如下问题，即是否只
是大臣受到法的约束？在国家行政管理体系的运行中，对那些或是
钦定或是取法前朝的律法，皇帝是否也须遵守？关于"守法"的疑
惑，可通过解决上述两个问题而澄清，因此有必要就上述问题做出
解答。

就大臣守法而言，首先需要提及大理寺和刑部① 这两个唐代的
特别的中央司法机关。这两个机关虽行使审判职能，但却谨遵皇
命。御史台② 则是较为独立的机关，御史台的诸多职责中包括监察
和审判职能。御史台与大理寺、刑部并称"三司"，但唐代承担司法
职能的机关并不以此为限，其他的中央机关，如位列中央机关之首
的门下省和中书省③，这两个机构也位列立法工作和要案商议机关
之中。现有史料对参与商议或草拟奏议的大臣的官职记述颇为丰
富。不仅民政大臣，连军政大臣也参与其中。

---

① 参见本书卷三"索引和列表"中唐代机构与官职名目录"大理寺"和"刑部"。

② 参见本书卷三"索引和列表"中唐代机构与官职名目录"御史台"。

③ 参见本书卷三"索引和列表"中唐代机构与官职名目录"门下省"和"中书省"。

68　　　这种现象不仅存在于中央司法机关,地方机关及各府、州、县 ①
也是如此。尽管地方特设司法官员一职 ②,但他们却对地方主管官
员(府尹、州刺史和县令)唯命是从,仅就判决等其他职能上对主管
官员加以辅佐。地方主管官员则一人独揽大权。因此,在地方,司
法与行政间的界限也不明确。

　　　尽管如此,法的概念,以及仅以律法为准绳、不得自由裁量的
司法观念还是在唐代形成了。对此,史料以"守法"一词一言蔽之,
笔者依其字面意义,将"守法"一词译为"Rechtswahrung",即法的
遵守或法的维护,甚至仅指合法性的遵守或维护。

　　　笔者以为,"守法"概念自始至终与大臣的职权行为紧密相
连 ③。大臣负有遵守律法规定并加以贯彻的义务。

　　　若论及皇帝的司法活动,不难得出,皇帝并未严格遵行"守法"
之要求。皇帝只有在大臣奏议力主守法之时,才"间接"守法。而
至于皇帝自己是否也受法的约束,史料并未明确记载。就皇帝是否
受制于法这一点而言,唐代各时期显然各有不同。在唐代,皇帝既
是最高司法机关,最高宽宥级别,也是最高立法机关。皇帝作为立
法者,能够通过简单的诏敕立法,使得针对个案的裁决具有约束后
续案件的法律效力 ④,例如,皇帝可以通过针对个案颁布诏敕来减

---

　　① 　参见本书卷三"索引和列表"中唐代机构与官职名目录"地方机构"。

　　② 　本书卷三唐代机构与官职名目录中翻译为"Justizräter"("司法参军事")。在
军事构成中,护卫(都护府)和军队在行使"曹参军事"的职责之余还要行使司法审判职
能。参见本书卷三"索引和列表"中唐代机构与官职名目录"南卫"和"北卫";《唐六典》
24/11b。

　　③ 　《唐会要》卷四十(本书卷二译本三)甚至以"守法"作为标题。

　　④ 　参见本书前文第三章第六节(第 36 页以下)的记述。

轻法定罪刑。但皇帝的上述行为究竟是使用宽宥权，还是出于特定
理由欲打破现有律法，则并不明确。不管怎样，皇帝的独特地位与　69
无上权力，也使得回答"皇帝是否受法的约束"这个问题更为困难。
一言以蔽之，皇帝手握各项职权，其边界混淆不清，史料中亦对此
明确定性。但大臣却对皇帝的职权行为进行了明确区分，例如，在
皇帝想要了解李伯展案件的进展情况时，御史中丞狄兼謩唯恐皇帝
干涉案件，便如此回答圣上："（案件）已结奏讫，并合处极法。臣是
法官，只知有法。陛下若欲原宥，特降恩旨即得。" ①

　　从狄兼謩的回答可见，大臣明确区分皇帝所作的司法判决和宽
宥行为，但是否可以进一步得出，皇帝作为法官判案时亦受律法约
束，则并不确定。但是，大理寺少卿戴胄在部分奏议中无所畏惧地
反复要求皇帝守法，或许，戴氏的主张能从反面说明，当时绝大部
分的大臣认同皇帝偏离律法裁判的权利，而戴氏则是例外而已。对
此，笔者仅以太宗时期的以下三则案件为例佐证：第一则案件是公
元 626 年的科举考试伪冒身份案。该案中，太宗命当事人自首，否
则将处死刑。但皇帝所谓的"死刑"事实上已经僭越了律法规定。
所以在戴胄判"诈伪者"流刑之后，皇帝与其论及该案时，戴氏答
曰："陛下当即杀之，非臣所及。今既付所司，臣不敢亏法。②" 第二
则案件是公元 627 年的擅加官阶案 *，该案中，皇帝再次令当事人
自首，否则亦处死刑。当皇帝问询戴胄案件进程时，戴胄再次论证：
"陛下既不即杀，付臣法司，罪不至死，不可酷滥。③" 相较于前两则

----

①　《唐会要·臣下守法》，第 100 段所记载公元 837 年案件。

②　《唐会要·议刑轻重》，第 35 段。

*　"温州司户参军柳雄，于隋资妄加阶级。"——译者

③　《唐会要·臣下守法》，第 89 段。

70 案件，第三则案件 ① 的脉络不如前两例案件清晰，第三则案件中，两位当事人之一系皇亲国戚长孙无忌，因此在此关联案件中，太宗对两位当事人之判刑轻重有别。但戴胄反对皇帝的这种判罚，认为，"陛下若录其功，非宪司所决。若当据法，罚铜未为得衷。"

但需注意，上述三则案件中，戴胄不仅反对皇帝偏离律法裁判的行为，而且还要求皇帝赞同自己的观点。例如，科举考试伪冒身份案中，皇帝对戴氏最后的裁定表示满意。擅加官阶案中，尽管皇帝盛怒之下判处当事人死刑，但戴胄却认为罪不至死，并坚持己见，最终改变判决获得成功。长孙无忌案中，皇帝最后也同意了戴胄的观点。科举考试伪冒身份案中，皇帝也对当时的判决表示满意。

但笔者以为，仅由上述三则案例难以得出戴胄认为皇帝未严格依法裁决的结论，这种结论实难令人信服。

但众多案件表明，在唐代，大臣们认为皇帝应受律法约束。《唐会要·臣下守法》就有案例表明，大臣 * 要求皇帝严格遵守自己的赦免诏敕。《唐会要·臣下守法》所载的其他两则案件中，大臣则拒绝接受皇帝的违法裁决。其中一则案件中，大臣 ** 明确奏曰："法令者，陛下制之于上，率土遵之于下，与天下共之，非陛下独有也。"另一则案件中，大臣 *** 曾言及要"期守律文" ****，从上下文考察，大臣的这项奏议只表示皇帝也应"期守律文"。该案中，大臣还援

---

① 《唐会要·议刑轻重》，第 34 段。

* 治书侍御史孙伏伽。——译者

** 殿中侍御史李乾佑。——译者

*** 大理寺卿李朝隐。——译者

**** "所以为国惜法，期守律文。"——译者

引了两项历史典故 * 并指出，前朝君主也曾因"守法"一事而付出 71
了有损龙威的代价 ①。

上述案件表明，在唐代，大臣们认为皇帝也须受律法约束 ②。但
至于皇帝究竟在多大程度上自认为需受制于律法，或者皇帝是否常
逆律法而行，目前尚无定论。部分诏敕 ③ 表明，皇帝常做出一些律
法未作规定的刑罚，尤以杖刑为甚。但是，这些刑罚更多的是律法
虽未规定，但也已经"约定俗成"的做法。当然，皇帝也曾努力将
之付诸于律法，欲于律法明文规定 ④，只是未能如愿罢了。

当穆宗特设参酌院，赋其酌定司断大狱、不受律法约束的大权
之时，大臣们的反应也明确表明了他们的观点。为反对穆宗设立
"参酌院"，大理寺少卿崔杞上奏曰："今别设参酌之官，有司定罪，
乃议其出入，是与夺系于人情，而法官不得守其职。"崔杞认为，特
设参酌院，有违"守法"之要义 ⑤。

然需注意，上述案件几乎都发生在因善治而广受赞誉的唐朝前
三位君主执政期间，而在唐朝后三分之一的时间中，再无史料记载
类似案件。因高祖、太宗及高宗之后，诏敕立法 ⑥ 和皇帝干涉立法

---

　　*　"射兔魏苑，惊马汉桥。"——译者
　　①　参见《唐会要・议刑轻重》，第 40 段。
　　②　在《新唐书・刑法志》12a 处复述的案件中，皇帝考虑到当事人在犯案后显示
的舐犊之情，从而减轻了刑罚，但宋代的作者却否定了上述观点，认为正直之人并不认
可上述裁决。
　　③　《唐会要・君上慎恤》，第 71 段、第 72 段；《新唐书・刑法志》10 处；《唐会
要・议刑轻重》，第 46 段。
　　④　《新唐书・刑法志》10b 处；《唐会要・议刑轻重》，第 46 段。
　　⑤　《新唐书・刑法志》11b 处。
　　⑥　参见前文第三章第六节（第 42 页以下）。

72 司法的情况剧增，故可认为，高祖、太宗及高宗之后，皇帝"守法"的概念已逐渐淡化，甚至荡然无存。

最后，"君上慎恤"以及"不得过分严格解释律法"*这两项在法政策和裁判考量中常见的原则，也对唐代过于严格地适用律法的现象有所缓解。新旧《唐书》亦载①，武宗在其兄弟儿子违法时，并不怕对手足骨肉依法惩罚，只不过没有对年老的兄弟亲眷加以惩罚罢了，就这一点来看，武宗的判决并未违反当时的道德要求。

---

* "必求深刻。"——译者
① 《新唐书·刑法志》12a 处。

卷二

译本

译本一 《旧唐书》卷五十

（后晋司空同中书门下平章事 刘昫撰）

《刑法志》*

（1a）古之圣人，为人父母，莫不制礼以崇敬，立刑以明威 ①，

---

* 下文所载新旧《唐书》中两部《刑法志》德译本，系作者由1739年五洲同文书局版《新唐书·刑法志》和《旧唐书·刑法志》迻译而来。本译著所载中译本的文字标点，分别参考了［后晋］刘昫等撰：《旧唐书·刑法志》（第六册，卷五十），中华书局2014年版，第2133—2159页；［宋］欧阳修、宋祁等撰：《新唐书·刑法志》（第五册，卷四十六），中华书局，2013年版，第1407—1419页。由于目前无法获得五洲同文版，所以在参考中华书局版本同时，后文两部《刑法志》的中文中的个别内容，如数字、人名等，译者仍返回作者德译本，以德文文本为准。——译者

① **古之圣人，为人父母，莫不制礼以崇敬，立刑以明威**。该句从"制礼"至"明威"部分表述，为逐字取自《前汉书·刑法志》23/0384b处表述。参见福格尔（Vogel）翻译的《前汉书》相关卷章，并于1922年发表在《比较法学杂志》（*Zeitschrift für vergleichende Rechtswissenschaft*）第四十卷第100页，该处有"制礼以崇敬，立刑以明威"的德文翻译。"古之圣人，为人父母"系影射《书经》"元后作民父母"（参见理雅各［Legge］：《中国经典》［*The Great Declaration, Chinese Classics*］，卷三，第283页），理雅各前揭书第333页亦有"天子作民父母，以为天下王"的德文翻译。《前汉书》也完整援引了"天子作民父母，以为天下王"这句话，但福格尔将所引文献页码错标为"理雅各，卷三，第320页及以下几页"，正确应为第333页，且福格尔将该句译为"天子为民之父母，亦为地球之王"。就福格尔将"天下"一词译为"地球/尘世"这一译法而言，笔者不敢苟同，原因在于，"地球/尘世"包括了动植物界，但就中国人的思想境界而言，

74 防闲于未然，惧争心之将作也 [①]。故有轻重三典之异 [②]，宫墨五刑之
差 [③]，度时而施宜，因事以议制。大则陈之原野，小则肆诸市朝 [④]，以
御奸宄，用惩祸乱。兴邦致理 [⑤]，罔有弗由于此者也。暨淳朴 [⑥] 既消，
75 浇伪斯起，刑增为九，章积三千，虽有凝脂次骨 [⑦] 之峻，而锥刀之末，

这种译法实为罕见。"古之圣人，为人父母"中的"人"一词，不仅在此处，而且在后续
文中均应解读为"民"。唐代向来以"人"字替代"民"字使用，原因在于，唐代第二位
君主的名字"世民"中含有"民"字，为表达对圣上的尊敬之意，故而唐代以"人"字替
代"民"字使用。最后，"圣人"这一表述应译为"贤明的（或神圣的）君主（或帝王）"，
意思与"天子"相同。

① **防闲于未然，惧争心之将作也。**此处包含了《前汉书》中的一项引文，福格尔于
前揭书第 99 页将"争心之将作"德文译为："So erhebt sich der Kamf aller gegen alle"。

② **故有轻重三典之异。**参见《周礼》，《四部丛刊》卷五 9/9a—b 处记载"大司
寇之职，掌建邦之三典……一曰刑新国用轻典，二曰刑平国用中典，三曰刑乱国用重
典。"毕瓯（Biot）在译文《周礼》卷二第 307 页（Biot, *Le Tscheou Li*, Ⅱ, p. 307）将之译
为如下法文："Ce fonctionnaire est chargé d'établir les trois règlements speciaux,...Le
premier（de ces trois），est appelé,châtiment des nouveaux royaumes. On leur applique
le règlement le plus léger. Le second est appelé,châtiment des royames à l'état de paix.
On leur applique le règlement moyen. Le troisème est appelé châtiment des royaumes
troublés par des désordres. On leur applique le règlement le plus sévère"。《前 汉 书》
23/0385a 处（参见福格尔前揭书第 104 页）亦援引了"刑之三典"的表述。笔者翻译参
照了乾隆本，但是乾隆本所载"二典"，显然是一处印刷错误。相反，百衲本影印本中记
载的是"三典"，这一记载是正确的。

③ **五刑。**依《前汉书》23/0385a 处记载，五刑指墨、劓、宫、刖和杀（参见福格尔
前揭书第 105 页）。五刑取自《书经》（参见理雅各前揭书第 604 页）。但是，理雅各的
译文中以"荆"字代替"刖"字，以"大辟"代替"杀"。

④ 类似表述参见《前汉书·刑法志》（福格尔前揭书第 101 页）。

⑤ **兴邦致理。**此处应将"理"字解读为"治"。因唐高宗名字中有"治"字，出于
避讳，唐代以"理"字代替"治"字使用。

⑥ **淳朴。**福格尔前揭书将之译为"纯朴／天然"（Ursprünglichkeit）。

⑦ **虽有凝脂次骨之峻。**"凝脂"之表述，见于《盐铁论》（参见《四部丛刊》卷二
10/1b 处第 55 章《刑德》）之记载："昔秦法繁于秋荼，而网密于凝脂。""次骨"之表述，
见于《史记》122/0266c 处有关杜周的列传部分记载："内深次骨。"李奇（《史记》，前
揭书）将"内深次骨"解释为："其用罪深刻至骨"。

尽争之矣①。

自汉迄隋,(1b)世有增损,而罕能折衷。隋文帝参用周、齐旧政,以定律令,除苛惨之法,务在宽平。比及晚年,渐亦滋虐。炀帝忌刻,法令尤峻,人不堪命,遂至于亡。

高祖初起义师于太原,即布宽大之令。百姓苦隋苛政,竞来归附。旬月之间,遂成帝业。既平京城,约法②为二十条③。惟制杀人 76、劫盗、背军、叛逆者死,余并蠲除之。及受禅,诏纳言刘文静与当朝通识之士,因开皇律令而损益之,尽削大业所用烦峻之法。又制五十三条格,务在宽简,取便于时。寻又敕尚书左仆射裴寂、尚书右仆射萧瑀及大理卿崔善为、给事中王敬业、中书舍人刘林甫、颜师古、王孝远、(2a)泾州别驾靖延、太常丞丁孝乌、隋大理丞房轴、上将府参军李桐客、太常博士徐上机等,撰定律令,大略以开皇为准。于时诸事始定,边方尚梗,救时之弊,有所未暇,惟正五十三条格,入于新律,余无所改。至武德七年五月奏上,乃下诏曰:

古不云乎,"万邦之君,有典有则④。"故九畴之叙⑤,兴于夏世,

---

① 引文出自理雅各《中国经典》之《左传》卷五第607页及第609页:"...contending about a matter as small as the point of an awl or a knife"。参见福格尔前揭书第108页《前汉书》中相同引文。

② **约法**。"约法"这一表述并不常见,但所有史料对此采用同一表述。所谓"约法",指唐高祖的约法十二条(参见《新唐书》2a处、《唐会要》1处以及《通典》165处开篇部分)。《前汉书》也有"约法"表述,且也与汉代开国皇帝汉高祖颁布的首部律法中的诏敕相关联。由于别处并未使用"约法"表述,故而此处"约法"一词,似乎是对诏敕中具一般性和临时性的律法内容所保留使用的称谓,这点直至现代中国法中仍在沿用。

③ 正确应为"十二条"。文中"二十条"应是一处印刷错误。《通典》270/5a处、《唐会要》1处和《新唐书》1a处都载为"十二条"。

④ 引自《书经》。理雅各在《中国经典》卷三第160页中,将该句从《书经》中的一段四节诗歌中译得,文中字句仅为诗歌中段,即"明明我祖,万邦之君,有典有则,贻厥子孙。"(参见《尚书·五子之歌》。——译者)

⑤ 此处是《书经》中一段简略了的引文。依据理雅各《中国经典》卷三第323页

77　两观之法 ①，大备隆周 ②。所以禁暴惩奸，弘风阐化，安民立政，莫此
　　为先。自战国纷扰，恃诈任力，苛制烦刑，于兹竞起。秦并天下，
78　隳灭礼教，恣行酷烈，害虐蒸民，宇内骚然，遂以颠覆。汉氏拨乱，
　　思易前轨，虽复务从约法，蠲削严刑，尚行菹醢之诛，犹设锧铢之禁。
　　（2b）安民之道，实有未弘，刑措之风，以兹莫致。爰及魏、晋，流弊
　　相沿，宽猛乖方，纲维失序。下凌上替，政散民凋，皆由法令湮讹，
　　条章混谬。自斯以后，宇县瓜分，戎马交驰，未遑典制。有隋之世，
　　虽云厘革，然而损益不定，疏舛尚多，品式章程，罕能甄备。加以
　　微文曲致，览者惑其浅深，异例同科，用者殊其轻重，遂使奸吏巧诋，
　　任情与夺，愚民妄触，动陷罗网，屡闻厘革，卒以无成。

　　　　朕膺期受箓，宁济区宇，永言至治 ③，兴寐为劳。补千年之坠典，
79　拯百王之余弊，思所以正本澄源，式清流末，永垂宪则，贻范后昆。
　　爰命群才，修定科律。但今古异务，文质不同，丧乱之后，事殊曩

所载，完整引文应为“天乃赐禹洪范九畴。”。有关“九畴之叙”的内容，参见理雅各前
揭书第 323 页第 5 处脚注。
　　①　约公元前 1120 年至公元前 415 年。
　　②　**两观之法**。文中译为“分为两部分的法”，该译法取自《唐律疏议》中“象魏，
雉门两观也”之表达。毕瓯在《周礼》卷二第 314 页对“象魏”一词也有所记载，将之译
为 “Au jour heureux de la première lune, il commence la concordance des lois pénales, et
les publie dans les royaumes et principautés，arrondissements et cantons. Il suspend les
tableaux des lois pénales，au lieu consacré pour leur exposition. Il ordonne au peuple
d'examiner le tableau des peines. Après dix jours, il les rassemble”。《竹海》则将“阙门”
和“两观”两词等同视之。其中，在“阙”词项下，将“门观”解释为“为二台于门外，作
楼观于上，上员下方。”由此可见，周朝在宫门上建高台柱子或类似设施，每年会在柱子
上向民众张贴布告以示天下。
　　③　**永言至治**。“永言”这一表述源自《书经》（参见理雅各前揭书第 48 页）。“至
治”指善治，亦源自《书经》，理雅各前揭书第 539 页将“至治”译为“完美的统治”。

代，(3a)应机适变，救弊斯在。是以斟酌繁省，取合时宜，矫正差遗，务从体要。迄兹历稔，撰次始毕，宜下四方，即令颁用。庶使吏曹简肃，无取悬石之多①；奏谳平允，靡竞锥刀之末。胜残去杀②，此焉非远。

于是颁行天下。

及太宗即位，又命长孙无忌、房玄龄与学士法官，更加厘改。戴胄、魏徵又言旧律令重，于是议绞刑之属五十条。免死罪，断其右趾，应死者多蒙全活。太宗寻又愍其受刑之苦，谓侍臣曰："前代 80 不行肉刑久矣，今忽断人右趾，意甚不忍。"谏议大夫王珪对曰："古行肉刑，以为轻罪。今陛下矜死刑之多，设断趾之法，格本合死，今而获生，刑者幸得全命，(3b)岂惮去其一足？且人之见者，甚足惩诫。"上曰："本以为宽，故行之。然每闻恻怆，不能忘怀。"又谓萧瑀、陈叔达等曰："朕以死者不可再生，思有矜愍，故简死罪五十条，从断右趾。朕复念其受痛，极所不忍。"叔达等咸曰："古之肉刑，乃在死刑之外。陛下于死刑之内，改从断趾，便是以生易死，足为宽法。"上曰："朕意以为如此，故欲行之。又有上书言此非便，公可更思之。"其后蜀王法曹参军裴弘献又驳律令不便于时者四十余事，81 太宗令参掌删改之。弘献于是与玄龄等建议，以为古者五刑，刖居其一。及肉刑废，制为死、流、徒、杖、笞凡五等，以备五刑。今复设刖足，(4a)是为六刑。减死在于宽弘，加刑又加烦峻。乃与八座

---

① **无取悬石之多**。参见《后汉书》112B/0891a 处类似表述，其中《费长房传》载有："……以朽索悬万斤石于心上……"。

② 参见本书前文第 75 页注释 ①。

定议奏闻 ①，于是又除断趾法 ②，改为加役流三千里，居作二年 ③。

82　　又 ④ 旧条 ⑤ 疏，兄弟分后 ⑥，荫不相及 ⑦，连坐 ⑧ 俱死，祖孙配没。

---

　　① 　**八座**。指尚书令（尚书令一职自高宗即位后不再设立），左右丞相两位（或称仆射），尚书六位。自后汉起，开始设"八座"，即便在唐代"八座"的真正职位已是九位之多，但仍保留"八座"之名。参见《通典》22/18a 处《职官》。

　　② 　引自理雅各：《论语》，《中国经典》卷一第 267 页，该处译为："...transform the violently bad，and dispense with capital punishments"。

　　③ 　笔者翻译所依版本以及《新唐书》3a 处，均载为"二年"，但正确应为"三年"。尽管《旧唐书》百衲本也记载为"二年"，但《旧唐书》中在"二"和"年"两字之前有一处空格，即"改为加役流三千里居作□二年。"若在该空缺处填入"加"字，那么这段话的意思就是正确的了，而《旧唐书》的记载也相应变为："……改为加役流三千里，并加居作两年（即：居作三年）。"由于上述修改在事实上能够表达正确的意思，故而可以作为依据。此外，事实上，居作的正确年限应为三年，出处有二：其一，《唐律疏议》第二十四条（第三卷第六条）载："诸犯流应配者，三流俱役一年。"且［疏］议曰："加役流者，（本法既重，与常理有别，）故流三千里，居役三年。"其二，《资治通鉴》第一百九十二卷载：贞观元年（公元 627 年）称之为"改为加役流，居作三年。"《资治通鉴》编者在其所编的《资治通鉴考异》（《四部丛刊》）第三卷 10/1a 处援引《唐会要》之记载）有如下阐述："新、旧刑志皆云'居作二年'。令从王溥《唐会要》。"但是，《唐会要》武英殿本 39/10b 处却载"二年"，这自然也是一处印刷错误。

　　④ 　文中所载案件亦载于《新唐书》3b 处和《唐会要》39/10b 处，但其记载不如《旧唐书》详细，参见《唐会要》卷三十九所载案件。但《旧唐书》对该案的时间记载不甚明确，从《唐会要》上下文内容推断，案件应发生于公元 627 年至公元 637 年间，而依《新唐书》之记载，则大约发生于公元 631 年。

　　⑤ 　**旧条**。事实上，指当时有效的法条。于此，《新唐书》前文所载"时律"，即"当时之律文"，无疑更为明确。

　　⑥ 　文中以及《唐会要》均载为"分后"，亦称"分家产后"。但因唐律中"分家产"和"分居"有所区别，因此《新唐书》所称"分居"更为准确。

　　⑦ 　"荫不相及"指罪犯的近亲属藏匿罪犯或以其他方式使之免于刑罚时所享有的权利。参见《唐律疏议》第四十六条（卷六，第二条）："诸同居，若大功以上亲及外祖父母、外孙，若孙之妇、夫之兄弟及兄弟妻，有罪相为隐……"。

　　⑧ 　如谋反、谋大逆这些重罪中，罪犯的近亲属也负刑事责任，至于他们是否参与或知晓该重罪，在所不同。唐代根据重罪犯的罪行、近亲属和罪犯的亲等关系，判处这些近亲属以死刑、流刑或奴役刑。参见《唐律疏议》第二百四十八条（卷六，第一条）。

会有同州人房强，弟任统军于岷州，以谋反伏诛，强当从坐。太宗 83
尝录囚徒，悯其将死，为之动容。顾谓侍臣曰 ① ："刑典仍用，盖风化
未洽之咎。愚人何罪，而肆重刑乎？更彰朕之不德也。用刑之道，
当审事理之轻重，然后加之以刑罚。何者有不察其本而一概加诛，
非所以恤刑重人命也。然则反逆 ② 有二：一为兴师动众，一为恶言
犯法。轻重有差，而连坐皆死，岂朕情之所安哉？"更令百僚详议。
（4b）于是玄龄等复定议曰："案礼，孙为王父尸 ③ 。案令，祖有荫孙之
义 ④ 。然则祖孙亲重而兄弟属轻，应重反流，合轻翻死 ⑤ ，据礼论情， 84
深为未惬。今定律，祖孙与兄弟缘坐，俱配没。其以恶言犯法不能
为害者，情状稍轻，兄弟免死，配流为允。"从之 ⑥ 。自是比古死刑，

---

① 《唐会要》未记载太宗的表述，《新唐书》的记载也与《旧唐书》有所出入。但
无论如何，太宗的上述表述更多的是从法律角度予以强调。

② **反逆。**唐律并无"反逆"之表述，"反逆"一词是"谋反"和"谋大逆"两词合
一的表达，《唐律疏议》第六条对十恶的列举中，"反逆"位列十恶之首。文中"反逆"
一词涵盖了"谋反"和"谋大逆"两种罪行。

③ **孙为王父尸。**参见《礼记》卷一 1/13b 处之《曲礼上》之表述："礼曰君子抱孙不
抱子，此言孙可为王父尸，子不可以为父尸。"理雅各在《东方圣书》卷二十七第 87 页
（Legge, *Sacred Books of the East*, XXⅧ, p. 87）将之译为："A rule of propriety says, 'A
superior man may carry his grandson in his arms, but not his son'.This tells us that
a grandson may be the personator of his deceased grandfather at sacrifices, but a son
cannot be so of his father". 对此理雅各有如下注释："The personator had for the time
the dignity of the deceased whom he represented". 此外，尸后被木牌所取代。

④ 参见前文第 82 页注释 ⑦ 。

⑤ **荫重反流，合轻翻死。**《通典》170/8a 处和《唐会要》均载"应"字，而非"荫"
字。事实上，用"应"字能形成对偶句式，较妥，即"应重反流，合轻翻死"，意思是亲
属关系较近的，应处流刑，亲属关系较远的，尽管如此，仍处死刑。

⑥ 依现有《唐律疏议》版本，尽管《唐律疏议》应为公元 653 年本，但事实上《唐
律疏议》似乎更可能是公元 653 年之后才得以完成的。《唐律疏议》第二百四十八条（卷
六，第一条）记载，谋反和谋大逆都将处斩首，罪犯之子将被绞死，其孙、兄弟及其他亲

殆除其半。

85　　　玄龄等遂与法司定律五百条,分为十二卷 ①:一曰名例,二曰卫禁,三曰职制,四曰户婚,五曰厩库,六曰擅兴,七曰贼盗,八曰斗讼,九曰诈伪,十曰杂律,十一曰捕亡,十二曰断狱。有笞、杖、徒、流、死,为五刑。笞刑五条 ②,自笞十至五十;杖刑五条,自杖六十至杖一百;徒刑五条,自徒一年,递加半年,(5a)至三年;流刑三条,自流二千里,递加五百里,至三千里;死刑二条:绞、斩。大凡二十

86　等 ③。又有议请减赎当免之法 ④ 八 ⑤:一曰议亲,二曰议故,三曰议贤,四曰议能,五曰议功,六曰议贵,七曰议宾,八曰议勤。八议者,犯死罪者皆条所坐及应议之状奏请,议定奏裁 ⑥;流罪已下,减一等。

属将被判为奴。这些内容在《唐律疏议》修订时得以保留,并且依第二款,仅犯谋逆之言者,即便尚未造成蛊惑人心之结果,也将处以斩首,罪犯的父母、子女和妻子流三千里。上述因言获罪(谋反罪和谋大逆罪)的情形中,罪犯的孙子和兄弟不被追究刑事责任。但从旧志的记载中却无从得出究竟哪项是当时的新规定。

　　① **卷。**而后连同公元 653 年《律疏》一并计算,唐律共三十卷十二篇。其中十二篇各篇篇名与前文提及的十二卷如出一辙。后来带有律疏的版本中每一至六卷为一篇。

　　② **五条。**从上下文观察,"条"之表述并不常见。通常而言,"条"指"法令"中包含的条款,但因唐律中仅有笞刑这一款规定,因此文中"条"的实质意义和"等"相同,可理解为"等"或"等级"。

　　③ 上述刑罚共同构成了十分清晰的等级制度,即某一级刑罚中最高等级的刑罚,在更高一级刑罚中所处等级最低。这种等级森严的刑罚体系,其作用显而易见,无须赘言。这种严格的等级体系使刑罚减等的计算十分简单,《唐律疏议》中也广泛使用了此种计算方法。此外,多项减等情形可叠加计算。某一刑罚减等后,该刑罚则会转化为刑罚较轻的低一级刑罚中等级最重之刑罚。

　　④ 参见《唐律疏议》第七条之解释。

　　⑤ 《旧唐书》文本中只记载了"八"字,但笔者以为,此处所引应为"八议"。"八议"一词常在法律层面使用。此外,"八议"并非后文所指的诸如奏裁这类优待。

　　⑥ 由朝廷高官议定奏裁。参见本书第 95 页。

若官爵五品已上，及皇太子妃大功已上亲，应议者周以上亲[①]，犯死罪者上请；流罪已下，亦减一等[②]。若七品已上官，及官爵得请者之 87 祖父母、父母、兄弟、姊妹、妻、子孙，犯流罪已下，各减一等[③]。若应议请[④]减及九品已上官，若官品得减者之祖父母、父母、妻、子孙，犯流罪已下[⑤]，听赎。其赎法：笞十，赎铜一斤，(5b)递加一斤，至杖一百，则赎铜十斤。自此已上，递加十斤，至徒三年，则赎铜六十斤。流二千里者，赎铜八十斤；流二千五百里者，赎铜九十斤；流三千里者，赎铜一百二十斤[⑥]。*又许以官当罪[⑦]。以官当徒者，五品已上犯私罪者，一官[⑧]当徒二年；九品已上，一官当徒一年。若犯公罪者，各加一年。以官当流者，三流同比徒四年，仍各解见 88 任[⑨]。除名者，比徒三年。免官者，比徒二年。免所居官者，比徒一年。又有十恶[⑩]之条：一曰谋反，二曰谋大逆，三曰谋叛，四曰谋恶

---

① 根据《唐律疏议》第九条，其孙亦在此列。

② 该句逐字取自《唐律疏议》第九条。但《唐律疏议》第九条还包含一些例外情况，只不过文中并未提及。

③ 参见《唐律疏议》第十条。

④ 此处指以钱赎罪。

⑤ 参见《唐律疏议》第十一条。

⑥ 文中"三千里"后似有一处省略。《唐律疏议》第四条规定三千里，赎铜一百斤。但文中全未提及"赎铜一百二十斤"指两种死刑的赎金这层意义。因此，若在"三千里"后另加一句"(流三千里赎铜)一百斤和死刑(赎铜一百二十斤)"，应更接近史实，也与《唐六典》6/8a 处记载相符。

* 德文未翻译："绞斩者，赎铜一百二十斤。"——译者

⑦ 参见《唐律疏议》第十七条(卷二，第十条)。

⑧ 一人有数个官位。

⑨ 该句引自《唐律疏议》第十七条第五款，即相较于具体职位，官阶应更高或者更低时，不以官阶作为当罪标准，而以官员具体任职情况作为当罪标准。

⑩ 《唐律疏议》第六条列举了"十恶"，并对每种"恶"进行了特征描述或加注参引。事实上，每一种罪及其构成要件大大超过了十种之限，只不过唐律因循传统，在律文概

逆，五曰不道，六曰大不敬，七曰不孝，八曰不睦，九曰不义，十曰
内乱。其犯十恶者，不得依议请之例。(6a)年七十以上、十五以下
及废疾①，犯流罪以下，亦听赎。八十已上、十岁以下及笃疾，犯反
逆②杀人③应死者，上请，盗④及伤人，亦收赎，余皆勿论。九十以上、
七岁以下，虽有死罪，不加刑⑤。比隋代旧⑥律，减大辟者九十二条，
减流入徒者七十一条⑦。其当徒之法，唯夺一官，除名之人，仍同士
伍。凡削烦去蠹，变重为轻者，不可胜纪。

　　又定令一千五百九十条⑧，为三十卷。贞观十一年正月，颁下
之。又删武德、贞观已来敕格三千余件⑨，定留七百条，以为格十八
卷，留本司施行。斟酌今古，除烦去弊，甚为宽简，便于人者。以
尚书省诸曹为之目，初为七卷。其曹之常务，(6b)但留本司者，别

89 (left margin)
90 (left margin)

述部分沿用了十恶的名称而已，实际上唐律已经根据罪名种类在各处作了相应归类。

　　①　疾病和伤残分为多个等级。后文将"废疾"译为第一等伤残，将"笃疾"译为
第二等伤残。这些等级划分与法定年龄的等级划分类似，主要依据伤残等级，在劳役、
定罪和刑事程序处罚中相应予以减轻。

　　②　反逆。有关"反逆"这一双重概念的阐释，参见前文第 83 页注释②。

　　③　杀人。"杀人"概念包括谋杀、过失杀和误杀。

　　④　盗。"盗"概念项下包括强盗。

　　⑤　文中内容在《唐律疏议》第三十条（卷四，第二条）中进行了复述。

　　⑥　指开皇时代的律文（《开皇律》——译者）。参见《唐六典》6/5a 处。

　　⑦　**减大辟者九十二条，减流入徒者七十一条。**前半句仅提到对死刑进行减轻处
罚，但并未说明究竟将死刑减到何等级。《新唐书》4a 处对此予以明确，即转"大辟"
为"流刑"。

　　⑧　《新唐书》4a 处记载为 1546 条，《唐会要》3 处亦记载为（定令）1590 条。此外，
《唐会要》中还有其他记载，即在该令分为三十卷之余，还含有二十七篇。篇这一划分
符合当时令的数量的（二十七篇令），这一划分也和整部作品相符。其篇名参见上文第
33 页及下页。

　　⑨　**敕格三千余件。**该句本应译为"三千余件敕诏和格"。但就时间而言，仅唐高
祖在即位后颁布过五十三条格，这部分格后来也在公元 624 年修律时并入唐律。

为留司格 ① 一卷。盖编录当时制敕，永为法则，以为故事 ②。贞观格
十八卷，房玄龄等删定。永徽留司格十八卷，散颁格 ③ 七卷，长孙无
忌等删定 ④，永徽中 ⑤，又令源直心等删定，惟改易官号曹局之名，不 91
易篇目。永徽 ⑥ 留司格后本，刘仁轨等删定。垂拱留司格六卷，散
颁格三卷，裴居道删定。太极格十卷，岑羲等删定。开元前格十卷，
姚崇等删定。开元后格十卷，宋璟等删定。皆以尚书省二十四司为
篇目。凡式三十有三篇，亦以尚书省列曹及秘书、太常、司农、光禄、
太仆、太府、少府及监门、宿卫、计帐名其篇目 ⑦，为二十卷。永徽
式十四卷，垂拱、(7a) 神龙、开元式并二十卷，其删定格令同。

----

①　**留司格**。"留司"指留置本司。

②　有关"故事"的制度发展脉络及其与格的关系，参见《唐六典》6/6b 处以及前
文第 38 页及后续几页。

③　**散颁格**。"散颁"指颁行天下。

④　**删定**。"删定"二字有删减、确定之意。但此处显然指对早期格的再次修订并
在一部（格）中进行总结。文中多处将这种常反复修订的行为译为"修订"。参见后文第
129 页及后续几页有关典官之叙述。

⑤　**永徽中又令源直心等删定……**。这句表述即在永徽（公元 650 年至公元 655 年）
时期进行了修律删定工作。相较于其他史料，可以得出，该句表述有误。首先，源直心
的引证内容和《旧唐书》10b 处对这次修律有所提及；其次，《新唐书》6b 处、《唐会要》
7 处，尤其是《新唐书》第五十八卷史录部分显示，这次修律显然指龙朔二年（公元 662 年）
的唐格修订（参见后文立法列表第二十项）。而文中所用"永徽中"字样，显然为疏失之
过。因此，我们可以作如下解释：龙朔二年修订后，新删定的唐格与（唐格）通常的特征
宗旨并不相符，原因是误将"龙朔"二字看成了旧号"永徽"，也就是前一部唐格使用的
高宗年号。当然，这些唐格和首部格，将"中"字译为"居中的"或"第二的"格，和公
元 676 年的后一部格相比，应有所区别。或许，《旧唐书》的编纂者使用了"中"字，而
非"永徽"字样，故可认为，这次修订工作应在永徽年间进行。

⑥　**永徽留司格后本**。这部格后本完成于公元 676/677 年，参见本书卷三"索引和
列表"中立法列表第 22 项。

⑦　文中列举的九个机关连同尚书省二十四司都隶属于尚书，共三十三篇。

92　　太宗又制在京见禁囚，刑部每月一奏，从立春至秋分，不得奏决死刑。其大祭祀及致斋、朔望、上下弦、二十四气、雨未晴、夜未明、断屠日月 ① 及假日，并不得奏决死刑。其有赦之日，武库令 ② 设金鸡及鼓于宫城门外之右，勒集囚徒于阙前，挝鼓千声讫，宣诏而

93　释之 ③。其赦书颁诸州，用绢写行下。

　　又系囚之具，有枷、杻、钳、锁，皆有长短广狭之制 ④，量罪轻重，节级用之。其杖皆削去节目，长三尺五寸。讯囚杖，大头径三分二厘，小头二分二厘。常行杖，大头 ⑤ 二分七厘，小头一分七厘。笞杖，大头二分，小头一分半。其决笞者，腿分受。(7b)决杖者，背、腿、臀分受。及须数等拷讯者，亦同。其拷囚不过三度，总数不得过二百。杖罪已下，不得过所犯之数。

94　　诸断罪而无正条，其应出罪者，则举重以明轻；其应入罪者，

---

　　① **断屠日月**。《新唐书》4a 处将文中的"断屠日月"记载为"断屠月"。《通典》270/7b 处则载为"断屠月，月蚀"。《唐律疏议》的《疏议》部分在第四百九十六条（卷三十，第十四条）引用了《狱官令》中的记载，而《狱官令》中的记载与上文中《旧唐书》所载相同。此外，《唐六典》6/9b 处的记述也与上文相同，即断屠月为每年的一月、五月及九月，断屠日为每月十日及每年一月八日、十四日、十五日、十八日、二十三日、二十四日、二十八日、二十九日及三十日。参见《唐律疏议》。

　　② 参见本书卷三"索引和列表"中唐代机构与官职名目录"大理寺"。另见程树德：《九朝律考》，第 476 页（Ch'eng Shu-te, *Untersuchungen über das Recht von 9 Dynastien*, p. 476）。

　　③ 上述做法源自北齐（公元 550 年至公元 577 年），参见《通典》169/24a—b 处。

　　④ 《通典》168/20a—b 处记载了上述四种囚具的大小和重量，不过文中将"锁"这一囚具改成了"镰"字。而"钳"这一囚具在当时应重 8 盎司，长 1 至 1.5 英寸。

　　⑤ 《旧唐书》称"**受头**"，但《通典》前揭书及《新唐书》5b 处（百衲本 56/3760b 处）所载均为"大头"，笔者文中翻译以《通典》及《新唐书》为依据。倘若"受头"不是一处印刷错误，则德语译为"das Ende, mit dem（der Verbrecher）den Schlag empfängt"，若真如此，那么杖的把柄应是小头，但这在当时似乎不太可能。

则举轻以明重[1]。称加者,就重次;称减者,就轻次[2]。惟二死三流,同为一减,不得加至于死[3]。断狱而失于出入者,以其罪罪之。失入者,各减三等;失出者,各减五等[4]。

初,太宗以古者断狱,必讯于三槐九棘之官[5],乃诏[6]大辟罪, 95

---

[1] **诸断罪而无正条,其应出罪者,则举重以明轻;其应入罪者,则举轻以明重。** 这段话亦见于《唐律疏议》名例部分第五十条(卷六,第六条)。但这段话显然属于类推解释,这种类推同样适用于现代欧洲法的条文(法律)解释。首先,"举重以明轻"的推论有利于被告,即当法律规定一项较重的犯罪事实构成不受刑罚时,则较轻的犯罪事实构成自然不受刑罚。例如,条文(法律)规定房主误将闯入民宅的人看作窃贼杀死的行为不受刑罚,那么如果房主仅是伤人(还未达到杀人的程度)就更不应受刑事处罚了。其次,"举轻以明重"这一推论指当某一较轻的犯罪事实已经构成了刑事处罚,那么较重的犯罪事实自然也难逃刑罚。例如,计划谋杀近亲属,这一行为依照令文(法律)规定应判处死刑,但若某人实施上述行为已经得手,或者在意图谋杀近亲属时仅致对方受伤,而令(法律)中对这两种行为如何进行处罚并无规定,那么(根据"举轻以明重"),这两种情况也将被判处死刑。上述两例均取自《唐律疏议》第五十条。笔者以为,上述内容更应是一项原则,这一点在《书经》中就有如下记载:"上刑适轻,下服。下刑适重,上服。"(参见理雅各前揭书第 606 页、第 607 页)但对该问题无须多作探究。

[2] 《唐律疏议》第五十六条(卷六,第十二条)载有该句。尽管译文的意思不言而喻,并不艰深,但就该条而言,我们仅能由中文原文才能体会到该项规定的理由与根据所在。

[3] 《唐律疏议》第五十六条第二款和第三款(卷六,第十二条)对该句亦有阐述。

[4] 文中刑罚条文参见《唐律疏议》第四百八十七条(卷三十,第五条),该条规定:

(1)诸官司人人罪者,谓故增减情状足以动事者,若闻知有恩赦而故论决,及示导令失实辞之类。若入全罪,以全罪论;虽入罪,但本应收赎及加杖者,止从收赎、加杖之法。

(2)从轻入重,以所剩论(例如,假有从笞十入三十,即剩入笞二十);刑名易者:从笞入杖、从徒入流亦以所剩论,从徒入流者,三流同比徒一年为剩;即从近流而入远流者,同比徒半年为剩;若入加役流者,各计加役年为剩。从笞杖入徒流、从徒流入死罪亦以全罪论。

(3)其出罪者,各如之。

(4)即断罪失于入者,各减三等;失于出者,各减五等。若未决放及放而还获,若囚自死,各听减一等。

[5] 此处指一种源于周朝的特定仪式。参见毕瓯:《周礼》,第二卷,第 347—349 页、第 311—313 页,也见《新唐书》5a 处及《唐会要》64 处。

[6] 参见《唐会要》64 处对该诏令及其由来的详细记述。

中书、门下五品已上及尚书等议之 ①。其后 ② 河内人李好德,风疾瞀
96 乱,有妖妄之言,诏按其事。大理丞张蕴古奏,好德癫病有征,法
不当坐。治书侍御史权万纪,(8a)劾蕴古贯相州,好德之兄厚德,
为其刺史,情在阿纵,奏事不实。太宗曰:"吾常禁囚于狱内,蕴古
与之弈棋,今复阿纵好德,是乱吾法也。"遂斩于东市,既而悔之。
又交州都督卢祖尚,以忤旨斩于朝堂,帝亦追悔。下制,凡决死刑,
虽令即杀,仍三覆奏。寻谓侍臣曰:"人命至重,一死不可再生。昔
世充杀郑颋,既而悔之,追止不及。今春府史取财不多,朕怒杀之,
后亦寻悔,皆由思不审也。比来决囚,虽三覆奏,须臾之间,三奏
97 便讫,都未得思,三奏何益?自今已后,宜二日中五覆奏,下诸州
三覆奏。又古者行刑,君为彻乐减膳。朕今庭无常设之乐,莫知何
彻,(8b)然对食即不啖酒肉。自今已后,令与尚食相知,刑人日勿
进酒肉。内教坊 ③ 及太常,并宜停教。且曹司断狱,多据律文,虽情
在可矜,而不敢违法,守文定罪,或恐有冤。自今门下覆理,有据
法合死而情可宥者,宜录状奏 ④。"自是全活者甚众。其五覆奏,以
决前一日、二日覆奏 ⑤,决日又三覆奏。惟犯恶逆者 ⑥,一覆奏而已,

---

① 上文以及《唐会要》64 处均将之称为"尚书"。因此,尚书省中职位较高的大
臣作为尚书的下级官员,并不参与上文中记述的参议。

② 《新唐书》3a 处亦载有该案。

③ **内教(坊)**。《新唐书》170/7b 处却称之为"教坊"。

④ 根据《唐会要》66 处记载,该诏令颁布于贞观五年(公元 631 年)八月二十一日。
参见《唐会要》77 处、80 处和《新唐书》3b 处有关相同事项记载的其他诏令。

⑤ **决前一日二日覆奏**。该句本身显然残缺不全,无法解读。《唐六典》6/9b 处则
正确记载为"决前一日二覆奏",即应在处决前两次覆奏。《通典》第一百六十八章和《唐
会要》40/2a 处的记载亦同,只不过《唐会要》中出现了另一处印刷错误,即误将"二覆"
错印成"三覆"。

⑥ "惟犯恶逆者"之外还包括下列罪行:"或者重罪(即谋反、谋大逆、谋叛)以及
奴婢杀主人……"。参见《唐六典》6/9b 处。

著之于令①。

太宗既诛张蕴古之后，法官以出罪为诫，时有失入者，又不加 98
罪焉，由是刑网颇密。帝尝问大理卿刘德威曰："近来刑网稍密，何
也？"德威对曰："律文失入减三等，失出减五等②。今失入则无辜，
失出则便获大罪，所由吏皆深文。"太宗然其言。(9a)由是失于出入
者，令依律文，断狱者渐为平允。十四年，又制流罪三等，不限以
里数，量配边恶之州。其后虽存宽典，而犯者渐少③。

高宗即位，遵贞观故事，务在恤刑。尝问大理卿唐临在狱系囚
之数，临对曰："见囚五十余人，惟二人合死。"帝以囚数全少，怡
然形于颜色。永徽初，敕太尉长孙无忌、司空李勣、左仆射于志宁、
右仆射张行成、侍中高季辅、黄门侍郎宇文节柳奭、右丞段宝玄、 99
太常少卿令狐德棻、吏部侍郎高敬言、刑部侍郎刘燕客、给事中赵
文恪、中书舍人李友益、少府丞张行实、大理丞元绍、太府丞王文
端、刑部郎中贾敏行等，共撰定律令格式。(9b)旧制不便者，皆随
删改。遂分格为两部：曹司常务为《留司格》，天下所共者为《散颁
格》④。其《散颁格》下州县，《留司格》但留本司行用焉。三年，诏
曰："律学未有定疏，每年所举明法⑤，遂无凭准。宜广召解律人条
义疏奏闻。仍使中书、门下监定。"于是太尉赵国公无忌、司空英国 100
公勣、尚书左仆射兼太子少师监修国史燕国公志宁、银青光禄大夫

----

① 《狱官令》。

② 参见前文第 94 页注释 ④。《新唐书》5b 处对事件经过的叙述更为明确。

③ 参见《新唐书》5b 处记载。

④ 有关《散颁格》的表述，参见前文第 90 页注释 ① 和注释 ③。

⑤ 参见戴何都：《新唐书·选举志》，巴黎，1932 年，第 28 页、第 34 页、第 129
页注释 1、第 152 页、第 153 页以及第 228 页。

刑部尚书唐临、太中大夫守大理卿段宝玄、朝议大夫守尚书右丞刘燕客、朝议大夫守御史中丞贾敏行等，参撰《律疏》，成三十卷①，四年十月奏之，颁于天下。自是断狱者皆引疏分析之。

永徽五年五月，上谓侍臣曰：(10a)"狱讼繁多，皆由刑罚枉滥，故曰刑者成也，一成而不可变②。末代断狱之人，皆以苛刻为明，是以秦氏（作者补充：公元前 246 年至公元前 207 年）网密秋荼③，而获罪者众。今天下无事，四海乂安，欲与公等共行宽政。今日刑罚，得无枉滥乎？"无忌对曰："陛下欲得刑法宽平，臣下犹不识圣意。此法弊来已久，非止今日。若情在体国，即共号痴人，意在深文，便称好吏。所以罪虽合杖，必欲遣徒，理有可生，务入于死，非憎前人，陷于死刑④。陛下矜而令放，法司亦宜固请，但陛下喜怒不妄加于人，刑罚自然适中。"上以为然。永徽六年七月，上谓侍臣曰："律通比附，条例太多。"左仆射志宁等对："旧律多比附断事，乃稍难解。(10b)科条极众，数至三千。隋日再定，惟留五百。以事类相似者，比附科断。今日所停，即是参取隋律修易。条章既少，极成省便。"

龙朔二年，改易官号，因敕司刑太常伯源直心、少常伯李敬玄、

---

① 这部律本身就包括十二篇。

② **故曰刑者成也，一成而不可变。**此处援引自《礼记》（编于《四部丛刊》）卷二4/12a 处"王制：刑者侀也，侀者成也，一成而不可变，故君子尽心焉。"理雅各在《东方圣书》卷二十七第 237 页将该句译为 "Punishment may be compared to the body. The body is a complete thing; when once completed, there can not be any subsequent change in it. Hence the wise man will do his utmost(in deciding on all these inflictions)"。

③ **网密秋荼。**参见前文第 75 页注释⑦。

④ **非憎前人。**文中反复出现与之相同的观点。参见后文第 113 页注释②以及《唐会要》40 处、64 处记载。

司刑大夫李文礼等重定格式，惟改曹局之名，而不易篇第。麟德二 102
年奏上。至仪凤中，官号复旧，又敕左仆射刘仁轨、右仆射戴至德、
侍中张文瓘、中书令李敬玄、右庶子郝处俊、黄门侍郎来恆、左庶
子高智周、右庶子李义琰、吏部侍郎裴行俭马载、兵部侍郎萧德昭
裴炎、工部侍郎李义琛、刑部侍郎张楚①、金部郎中卢律师等，删缉
格式。仪凤二年二月九日，(11a)撰定奏上。先是详刑少卿赵仁本 103
撰《法例》②三卷，引以断狱，时议亦为折衷。后高宗览之，以为烦
文不便，因谓侍臣曰："律令格式，天下通规，非朕庸虚所能创制。
并是武德之际，贞观已来，或取定宸衷，参详众议，条章备举，轨躅
昭然，临事遵行，自不能尽。何为更须作例，致使触绪多疑。计此

---

① 文中载为**刑部侍郎张楚金部郎中卢律师**，可做如下解读："一位刑部侍郎名
为张楚，一位金部郎中名为卢律师……"。但因刑部侍郎之名并非张楚，而为张楚金(参
见《旧唐书》卷一百八十七第一部分)，故而正如笔者依《旧唐书》前述出处所见，"金"
字应属人名，而非卢律师的官职。所以，此处(卢律师)的官职名称仍有残缺。由于《旧
唐书》和《新唐书》的《卢律师传》中均未提及其任职机构，所以笔者也无法补充此处所
缺官名名称。

② **法例**。依《新唐书》卷五十八《艺文志》两章总结内容，我们仍对(法例)的内
容一无所知，所以笔者将之译为"法律的一般规定"，并无十足把握。笔者的翻译依据
主要包括：《唐律疏议》称一般规定为"名例"。"名例"由如下两部分组成，其一为"刑
名"，即有关刑罚的种类和等级的一般法律规定，其二为"法例"，即其他的一般法律规
定。公元 268 年的秦朝律文中，"刑名"和"法例"两部分内容是分开规定的，但在公元
568 年的北齐律文中则合二为一，从两部分名称中各取一字，冠以"名例"之名。但是，
是否赵仁本《法例》也同属上述一般法律规定，笔者并不明确。原因在于，首先，"例"
亦具有诏令和唐格中内部类推的意思，即"例"既将两项构成要件或两项法律规则等
同视之，对其进行逻辑推演，也有类推适用这些特别的法律规则或个案裁决之义(参见
前文第44—46 页以及第 53 页)。其次，"例"亦有"先例"之义，即最高司法判决，皇
帝的指示和行政裁决。再次，"例"所内涵的"类推适用"和"先例"这两种意思之间，
界限不明，无法明确区分。因此，究竟文中《法例》是进一步发展出了一般性的法律规定，
还是总结了先例，亦或是从先例中抽象出了一般法律规定，仍值得商榷。最后，有关赵
仁本《法例》的内容，请参见前文第 59 页的记述。

104 因循，非适今日，速宜改辙，不得更然。"自是，《法例》遂废不用。

则天临朝，初欲大收人望。垂拱初年，令熔铜为匦，四面置门，各依方色，共为一室。东面名曰延恩匦，上赋颂及许求官爵者封表投之。南面曰招谏匦，有言时政得失及直言谏诤者投之。西面曰申冤匦，有得罪冤滥者投之。(11b)北面曰通玄匦，有玄象灾变及军谋秘策者投之。每日置之于朝堂，以收天下表疏。既出之后，不逞之徒，或至攻讦阴私，谤讪朝政者。后乃令中书、门下官一人，专监其所投之状，仍责识官，然后许进封，行之至今焉[1]。则天又敕内

105 史裴居道、夏官尚书岑长倩、凤阁侍郎韦方质与删定官袁智弘等十余人，删改格式，加计帐及勾帐式，通旧式成二十卷。又以武德已来、垂拱已前[2]诏敕便于时者，编为《新格》二卷，则天自制序。其二卷之外，别编六卷，堪为当司行用，为《垂拱留司格》。时韦方质详练法理，又委其事于咸阳尉王守慎，又有经理之才，(12a)故《垂拱格》、《式》，议者称为详密。其律令惟改二十四条，又有不便者，大抵依旧。

然则天严于用刑，属徐敬业作乱，及豫、博兵起之后，恐人心

106 动摇，欲以威制天下，渐引酷吏，务令深文，以案刑狱。长寿年有上封事言岭表[3]流人有阴谋逆者，乃遣司刑评事万国俊摄监察御史就案之，若得反状，斩决。国俊至广州，遍召流人，拥之水曲，以次

---

[1] 依据《唐六典》9/10a 处记载，在中书之下还为"匦"特设一个部门，称"匦使院"，并任命其隶属官员为"知匦使"。参见本书卷三"索引和列表"中唐代机构与官职目录"匦使院"内容。

[2] 文中误将"前"写为"后"，正确应为"已前"。《唐会要》9 处记载正确。

[3] 位于广东地区。

加戮。三百余人，一时并命，然后锻炼曲成反状。乃更诬奏云："诸道流人，多有怨望。若不推究，为变不遥。"则天深然其言。又命摄监察御史刘光业、王德寿、鲍思恭、王处贞、屈贞筠等，分往剑南、黔中、安南、岭南（12b）等六道，按鞫流人。光业所在杀戮，光业诛九百人，德寿诛七百人，其余少者不减数百人。亦有杂犯及远年流人，亦枉及祸焉。

　　时周兴、来俊臣等，相次受制，推究大狱。乃于都城丽景门内，别置推事使院，时人谓之"新开狱"。俊臣又与侍御史侯思止王弘义郭霸[1]李敬仁、评事康昞卫遂忠等，招集告事数百人，共为罗织　107以陷良善。前后枉遭杀害者，不可胜数。又造《告密罗织经》一卷，其意旨皆网罗前人，织成反状。俊臣每鞫囚，无问轻重，多以醋灌鼻。禁地牢中，或盛之于瓮，以火圜绕炙之。兼绝其粮饷，至有抽衣絮以啖之者。其所作大枷，凡有十号：（13a）一曰定百脉，二曰喘不得，三曰突地吼，四曰著即承，五曰失魂胆，六曰实同反，七曰反是实，八曰死猪愁，九曰求即死，十曰求破家。又令寝处粪秽，备诸苦毒。每有制书宽宥囚徒，俊臣必先遣狱卒，尽杀重罪，然后宣示。是时海内慑惧，道路以目。麟台正字[2]陈子昂[3]上书曰：　108

---

　　① 　**郭霸**。此人姓名记载各处各异，但本书第 121 页、《旧唐书》186 A/3565c 处以及《通典》170/28a 处皆称其为郭霸。但本书第 119 页及第 120 页却称其为郭弘霸。此外，本书所载《新唐书》第 161 页和 209/4117c 处以及《中国人名大辞典》中均称郭弘霸。

　　② 　**麟台正字**。"麟台"这一官职名称一直沿用到天授初年（公元 690 年），参见《唐六典》10/3b 处。

　　③ 　**陈子昂**。生于公元 656 年，卒于公元 698 年。参见 Giles, *Bibliographical Dictionary*, Nr. 258。《陈伯玉文集》（编于《四部丛刊》）卷三 9/14b—18b 处《谏用刑书》篇中，对陈子昂的奏议内容有详细记载。相较之下，文中记载有所简略。陈子昂是武则天的宠臣，对武则天颇为阿谀奉承，他也是唐代最杰出的诗人之一（参见 Giles 前揭书）。

"臣闻古之御天下者，其政有三：王者化之，用仁义也；霸者威之，任权智也；强国胁之，务刑罚也。是以化之不足，然后威之，威之不足，然后刑之。故至于刑，则非王者之所贵矣。况欲光宅天下，追功上皇，专任刑杀以为威断，可谓策之失者也。

　　臣伏睹陛下圣德聪明，游心太古，将制静宇宙，(13b)保乂黎民，发号施令，出于诚懑。天下苍生，莫不悬望圣风，冀见神化，道德为政，将侍于陛下矣。臣闻之，圣人出，必有驱除，盖天人之符，应休命也。日者东南微孽①，敢谋乱常。陛下顺天行诛，罪恶咸伏，岂非天意欲彰陛下威武之功哉！而执事者不察天心，以为人意，恶其首乱唱祸，法合诛屠，将息奸源，穷其党与。遂使陛下大开诏狱，重设严刑，冀以惩奸，观于天下。逆党亲属及其交游，有涉嫌疑，辞相连及，莫不穷捕考校，枝叶蟠拿。大或流血，小御魑魅。至有奸人荧惑，乘险相诬，纠告疑似，冀图爵赏，叫于阙下者，日有数矣。于时朝廷徨徨，莫能自固，(14a)海内倾听，以相惊恐。赖陛下仁慈，悯其危惧，赐以恩诏，许其大功已上，一切勿论。人时获泰，谓生再造。愚臣窃以忻然，贺陛下圣明，得天之机也。不谓议者异见，又执前图，比者刑狱，纷纷复起。陛下不深思天意②，以顺休期，尚以督察为理，威刑为务，使前者之诏，不信于人。愚臣昧焉，窃恐非五帝、三王伐罪吊人③之意也。

---

① 指扬州徐敬业谋反一事，参见前文第 105 页记述。

② 即前文"人时获泰，谓生再造"的祥瑞之兆。

③ **伐罪吊人**（＝民）。该句影射《孟子》卷一 b11 处和卷三 b5 处记载："诛其君而吊其民。"理雅各在《中国经典》卷二第 171 页将之译为："While he punished their rulers,he consoled the people"。且他在第 273 页的翻译亦同。

　　臣窃观当今天下百姓，思安久矣。曩属北胡侵塞，西戎寇边，兵革相屠，向历十载。关、河自北，转输幽、燕；秦、蜀之西，驰骛湟、海。当时天下疲极矣！重以大兵之后，属遭凶年，流离饥饿，死丧略半。幸赖陛下以至圣之德，抚宁兆人，边境获安，(14b)中国无事，阴阳大顺，年谷累登，天下父子，始得相养矣。扬州构祸，殆有五旬，而海中晏然，纤尘不动，岂非天下蒸庶厌凶乱哉？臣以此卜之，百姓思安久矣。今陛下不务玄默 ①，以救疲民，而又任威刑以失 111
其望，欲以察察为政，肃理寰区。愚臣暗昧，窃有大惑。且臣闻刑者，政之末节也。先王以禁暴厘乱，不得已而用之。今天下幸安，万物思泰，陛下乃以末节之法，察理平人，愚臣以为非适变随时之义也。顷年以来，伏见诸方告密，囚累百千辈。大抵所告，皆以扬州为名，及其穷竟，百无一实。陛下仁恕，又屈法容之，傍讦他事，亦为推劾。遂使奸臣之党，(15a)快意相雠，睚眦之嫌，即称有密。一人被告，百人满狱。使者推捕，冠盖如市。或谓陛下爱一人而害百人，天下喁喁，莫知宁所。

112

　　臣闻自非圣人，不有外患，必有内忧，物理自然也。臣不敢以古远言之，请指隋而说。臣闻长老云：隋之末世，天下犹平。炀帝不恭，穷毒威武，厌居皇极，自总元戎，以百万之师，观兵辽海，天下始骚然矣。遂使杨玄感挟不臣之势，有大盗之心，欲因人谋，以窃皇业。乃称兵中夏，将据洛阳，哮虓之势，倾宇宙矣。然乱未逾月，而头足异处。何者？天下之弊，未有土崩，蒸人之心，犹望乐业。

---

　　① **不务玄默**。该句影射《前汉书》卷二十三《刑法志》："孝文即位，躬修玄默。"福格尔在前揭书第 110 页将之译为孝文帝不愿积极从政，而更欲出世自处。

炀帝不悟，暗忽人机。自以为元恶既诛，天下无巨猾也，皇极之任，可以刑罚理之。(15b)遂使兵部尚书樊子盖专行屠戮，大穷党与，海内豪士，无不罹殃。遂至杀人如麻，流血成泽，天下靡然思为乱113 矣。于是萧铣、朱粲起于荆南，李密、窦建德乱于河北。四海云摇，遂并起而亡隋族矣。岂不哀哉！长老至今谈之，委曲如是。

　　观三代夏、殷兴亡，已下至秦、汉、魏、晋理乱，莫不皆以毒刑而致败坏也。夫大狱①一起，不能无滥。何者？刀笔之吏，寡识大方，断狱能者，名在急刻，文深网密，则共称至公，爰及人主，亦谓其奉法。于是利在杀人，害在平恕，故狱吏相诫，以杀为词。非憎于人也②，而利在己。故上以希人主之旨，以图荣身之利。(16a)徇114 利既多，则不能无滥，滥及良善，则淫刑逞矣。夫人情莫不自爱其身，陛下以此察之，岂非无滥矣！冤人吁嗟，感伤和气；和气悖乱，群生疠疫；水旱随之，则有凶年。人既失业，则祸乱之心怵然而生矣。顷来亢阳愆候，云而不雨，农夫释耒，瞻望嗷嗷，岂不由陛下之有圣德而不降泽于人也？倪旱遂过春，废于时种，今年稼穑，必有损矣。陛下可不敬承天意，以泽恤人？臣闻古者明王重慎刑罚③，盖惧此也。《书》④不云乎，'与其杀不辜，宁失不经。'陛下奈何以

---

　　①　文中反复使用了**大狱**之表述，这显然是一项固定称谓，或许笔者更应将其译为"重大政治程序"。参见后文第 135 页注释 ② 有关"大事"概念特别意义的叙述。

　　②　**非憎于人。**参见上文第 101 页注释 ④。

　　③　**重慎刑罚。**此处影射《易经》"君子以明慎用刑而不留狱。"理雅各在《东方圣书》卷十六第 337 页中将之译为："The superior man, in accordance with this, exerts his wisdom and caution in the use of punishments and is not allowing litigations to continue"。此外，伴随"慎"字一并反复出现的还有"审慎"原则，该原则是刑事司法的指导原则。参见《唐会要》卷四十第一章标题，也见后文《唐会要》62 处注释 ①。

　　④　**与其杀不辜，宁失不经。**该句逐字引自《书经》。理雅各在《中国经典》卷三

堂堂之圣，犹务强国之威 ①。愚臣窃为陛下不取。　　　115

　　且愚人安则乐生，危则思变。故事有招祸，法有起奸。(16b)
倘大狱未休，支党日广，天下疑惑，相恐无辜，人情之变，不可不察。
昔汉武帝时巫蛊狱起，江充行诈，作乱京师，至使太子奔走，兵交
宫阙 ②，无辜被害者以万千数。当时刘宗 ③ 几覆灭矣，赖武帝得壶关
三老上书，幡然感悟，夷江充三族 ④，余狱不论，天下少以安耳。臣　116

第 59 页将之译为："Rather than to put death an innocent person, you will run the risk of
irregularity and error"。

①　参见前文第 108 页有关该奏议的起始句。

②　参见《前汉书》63/0514a 处记载。

③　汉代皇帝姓。

④　**夷三族**。经典典籍中多见"三族"之表述，也不断有评注对该表述加以注释，
但这些评注却大相径庭，这使得"三族"概念成为一个颇具争议的概念，目前至少有如
下四种解读：

　　(1)**父子孙**。郑玄对《礼记》15/7a—7b 处仲尼燕居"故三族和也"评注为(父子孙)。
理雅各在《东方圣书》卷二十八第 27 页将之译为："... and there will be harmony among
the three branches of kin"。郑玄在《周礼》卷三 5/20a 处也对"三族之别"作同样评注，
但毕瓯在《周礼》卷一第 444 页将之译为："Il s'occupe du classement des trois premiers
degrés de parenté"。郑玄的解释与文中内容紧密相连，而且文中内容仅是一般性内容，
与刑罚无关。因此，郑玄对"三族"评释的意义无法与后文欲分析的第三、第四两种解
读相提并论。原因在于，第三、第四两种解释更多的是从法律概念出发。不仅如此，郑
玄的解释从法律适用的目的角度出发，在文字上显得过于直接。倘若在法律层面适用
郑氏的上述解释，那么罪犯的兄弟就应无罪，但这似乎不大可能。因此，笔者以为，"三
族"的概念，正如词语本身所表明的，仅指"三代"。

　　(2)**父昆弟，己昆弟，子昆弟**。即叔、弟、子。郑玄在《仪礼》(编于《四部丛刊》)
12/14b 处士昏礼篇载："惟是三族之不虞"有上述解释。这种解释仅涵盖男性亲属。

　　(3)**父母，兄弟，妻子**。张晏在《史记》(编于《四部丛刊》)5/0018d 处"二十年，
法初有三族之罪"中，将之注释为父母，兄弟，与妻子。沙畹在《史记》卷二第 17—
18 页(Chavannes, *Mémoires Historiques*, Ⅱ, p. 17—18)中将之译为："La vingtième
année(746 av. J.-C.), on ontroduisit pour la première fois dans le code la peine de mort
pour les parents aux trois degrés"。前述译文内容与法律上的构成要件紧密相连，并对
初次刑罚进行了阐述。故而此种解释的意义更为重要，倘若判断无误，这种解释后来亦

读书至此，未尝不为戾太子流涕也。古人云：'前事不忘，后事之

117　师①.'伏愿陛下念之。今臣不避汤镬之罪，以蝼蚁之命，轻触宸严。

臣非不恶死而贪生也，诚以负陛下恩遇，以微命蔽塞聪明②，亦非敢

被附加到正文中。

　　（4）**父族，母族，妻族**。这一解释是如淳对《史记》前述出处的解读，而沙畹
（Chavannes）对前述出处脚注 1 翻译为"Son père；sa mère；sa femme"，这一译法不
尽准确。而《大戴礼记》（编于《四部丛刊》）在 13/7b 处保傅卷中则采"三族辅之"的表
述。最后，"父族，母族，妻族"的解释亦见于《西汉会要》卷六十一第一句，而且该句
也是对"夷三族"所作的解释。当然，此处的《西汉会要》直至公元 1211 年左右才得以
撰成，由于其成书时间较晚，因此不可能属于前述解释所处同一时代的史料，进而不具
有同一时代的史料价值。

　　笔者以为，对"三族"概念的上述四种解释中，相较于第一种解释，笔者更偏向第
三、四两种解释，理由是，第三、四两种解释与法律构成要件联系紧密，而第一种解释
则关注其他问题，关联性不强。而至于第三、四两种观点间，究竟何者更佳，则较难回
答。笔者以为，第四种解释论及《西汉会要》中的相关记载，可以作为从法律层面解读"夷
三族"一词的重要证据，但若进一步分析《西汉会要》中的相关记述却会发现，这些记
述不仅极不明确，而且没有对"族"的概念和连坐的亲属范围这两个问题做出解释。由
此看来，似乎第三种解释较第四种解释更胜一筹。但不管怎样，第三种解释和第四种解
释在女性家族成员是否同样受刑罚这个问题上，态度较为一致，而且，《唐律疏议》也
认为，倘若犯下谋大逆罪，即使罪犯家族中的女性亲属不会被判死刑，但也难逃其咎，
仍须担谋大逆的连坐之责。但与之相反，第一种解释和第二种解释仅将男性亲属列入
连坐范围，考虑到《唐律疏议》的相关规定是对"夷三族"一词的解释，则会发现第一种
与第二种解释和《唐律疏议》的规定相互矛盾。

　　最后还需提及，对"九族"概念也有如下两种不同解释：

　　（1）"九族"指高祖、曾祖、祖父、父亲、自己、儿子、孙子、曾孙、玄孙。

　　（2）"九族"指四代（或四族）父系亲属（即父族四）、三代（或三族）母系亲属（即母
族三），以及两代（两族）妻子亲属（即妻族二）。

　　参见符定一：《联绵字典》，卷一"子"，第 87 页以及《唐律疏议》卷二之前的表格，
第 8 页。

　　①　引自《史记》6/0027b 处记载。沙畹在《史记》卷二第 224 页将之译为
（Chavannes, *Mémoires Historiques*, Vol. II, p. 224）："Celui qui n'oublie pas les choses
passées est le maître des choses ã venir"。

　　②　**以微命蔽塞聪明**。此处"蔽塞"一词只是一种礼貌用语，我们将其理解为顿
悟、增强等意义。

欲陛下顿息严刑,望在恤刑耳。乞与三事大夫①,图其可否。夫往者 118
不可谏,来者犹可追,(17a)无以臣微而忽其奏,天下幸甚。"

疏奏不省。

时司刑少卿徐有功常驳酷吏所奏,每日与之廷争得失,以雪冤
滥,因此全济者亦不可胜数,语在《有功传》②。及俊臣、弘义等伏诛,
刑狱稍息。前后宰相③王及善、姚元崇、朱敬则等,皆言垂拱已来身 119
死破家者,皆是枉滥,则天颇亦觉悟。于是监察御史魏靖上言曰:

"臣闻国之纲纪,在乎生杀。其周兴、来俊臣、丘神勣、万国俊、
王弘义、侯思止、郭弘霸、李敬仁、彭先觉、王德寿、张知默者,即
尧年四凶矣。恣骋愚暴,纵虐含毒,雠嫉在位,安忍朝臣,罪逐情加,
刑随意改。当其时也,囚图如市,朝廷以目。既而素虚不昧,冤魂
有托,(17b)行恶其报,祸淫可惩,具严天刑,以惩乱首。窃见来俊
臣身处极法者,以其罗织良善,屠陷忠贤,籍没以劝将来,显戮以
谢天下。臣又闻之道路,上至圣主,傍洎贵臣,明明知有罗织之事

---

①　**三事大夫**。该表述见于《诗经》;理雅各在《中国经典》卷四第 326 页将之译
为:"The three high ministers, and (other) great officers"。理雅各还对此有如下注释:
"三事, The phrase is here taken to denote the three kung ; 三公, the highest ministers
about the court ; and 大夫 may be simply a designation, or may indicate the chiefs of
the six great departments of the government"。

②　《旧唐书》卷八十五。

③　**宰相**。德语将宰相一职译为"总理",英语译为"部长"。但笔者以为,这两种
译法均不妥当。首先,德语译名中的"总理"一职,通常情况下仅总理一人,他直接处
理国事,是参与国事处理的领导官员。但至少就唐代而言,在同一时期的宰相不仅不止
一人,而且人数也会有所变化。就笔者所知,宰相的职责是为皇帝出谋划策,如果他在
担任宰相一职之外,没有兼任其他官职的话,宰相这一职务本身并不具有直接性的领导
政府的功能。其次,英语译名中的"部长"一词,通常指某专业机构的主管,但这一解
读并不符合文中宰相一词所表达的意思。基于上述理由,笔者以为,将"宰相"一词译
为"枢密院"或"枢密院成员",或许更为适宜,而就宰相的职位职责之特征,笔者已于
译文中有所提及。

矣，俊臣既死，推者获功，胡元礼超迁，裴谈显授，中外称庆，朝廷
120 载安。破其党者，既能赏不逾时；被其陷者，岂可淹之累岁。且称
反徒，须得反状。惟据臣辩，即请行刑，拷楚妄加，款答何限。故
徐有功以宽平而见忌，斛瑟罗以妓女而受拘，中外具知，枉直斯在，
借以为喻，其余可详。臣又闻之，郭弘霸自刺而唱快，万国俊被遮
而遽亡。霍献可临终，膝拳于项；李敬仁将死，舌至于脐。(18a)皆
众鬼满庭，群妖横道，惟征集应，若响随声。备在人谣，不为虚说，
俱有① 昼见，殆无以过。此亦罗织之一据也。臣以至愚，不识大体，
傥使平反者数人，众共详覆来俊臣等所推大狱，庶邓艾② 获申于今
日，孝妇③ 不滥于昔时，恩涣一流，天下幸甚。"

121　　　疏奏，制令录来俊臣、丘神勣等所推鞫人身死籍没者，令三司④
重推勘，有冤滥者，并皆雪免。

中宗神龙元年，制以故司仆少卿⑤ 徐有功，执法平恕，追赠越州
都督，特授一子官。又以丘神勣、来子珣、万国俊、周兴、来俊臣、
鱼承晔、王景昭、索元礼、傅游艺、王弘义、张知默、裴籍⑥、焦仁亶、
侯思止、郭霸⑦、李敬仁、皇甫文备、(18b)陈嘉言、刘光业、王德寿、

---

① **俱有**。文中载为"俱有"，但此处有误，正确应为百衲本卷 11a 处所载的"伯
有"。参见理雅各：《左传》，《中国经典》卷五，第 613 页、第 618 页第 1 行。

② 参见《三国志》，魏 28。

③ **孝妇**。参见《前汉书·于定国列传》71/0537 处记载。

④ **三司**。有时称御史大夫、中书和门下，有时称御史台、刑部和大理寺。参见本
书第 126 页、第 129 页和第 160 页记载。

⑤ **司刑少卿**。百衲本卷 11a 处未用"刑"字，而用"仆"字，但百衲本的记载显然
是一处印刷错误。

⑥ **裴籍**。此"裴籍"非彼"裴寂"。有关"裴寂"的表述参见本章开篇 1b 处、《新
唐书》2b 处以及《唐会要》3 处、97 处记载。

⑦ 参见第 107 页注释第 ①。

王处贞、屈贞筠、鲍思恭二十三人，自垂拱已来，并枉滥杀人，所有官爵，并令追夺。天下称庆。时既改易，制①尽依贞观、永徽故事。敕中书令韦安石、礼部侍郎祝钦明、尚书右丞苏瑰、兵部郎中狄光嗣等，删定《垂拱格》后至神龙元年已来制敕，为《散颁格》七卷。122又删补旧式，为二十卷，颁于天下。

　　景云初，睿宗又敕户部尚书岑羲、中书侍郎陆象先、右散骑常侍徐坚、右司郎中唐绍、刑部员外郎邵知与、删定官大理寺丞陈义海、右卫长史张处斌、大理评事张名播、左卫率府仓曹参军罗思贞、刑部主事阎义颙凡十人，删定格（19a）式律令。太极元年二月奏上，名为《太极格》。

　　开元初，玄宗敕黄门监卢怀慎、紫微侍郎兼刑部尚书李乂、紫微侍郎苏颋、紫微舍人吕延祚、给事中魏奉古、大理评事高智静、同123州韩城县丞侯郢雎、瀛州司法参军阎义颙等，删定格式令，至三年三月奏上，名为《开元格》。六年，玄宗又敕吏部侍郎②兼侍中宋璟、中书侍郎苏颋、尚书左丞卢从愿、吏部侍郎裴漼慕容珣、户部侍郎杨滔、中书舍人刘令植、大理司直高智静、幽州司功参军侯郢雎等九人，删定律令格式，至七年三月奏上，律令式仍旧名，格曰《开元后格》。十九年，侍中裴光庭、中书令萧嵩，又以格后制敕行用之后，（19b）颇与格文相违，于事非便，奏令所司删撰《格后长行敕》六卷，

---

　　① **改易制。**被变更的内容包括机构名称和官职。

　　② **吏部侍郎。**即吏部副长官。尽管后文还列举了另两位吏部侍郎，但事实上吏部侍郎一职仅设两人，因此其中定有错误。对此可予佐证的是，在中书侍郎正副二职中，文中首先提到了副职苏颋，但就官阶而言，苏颋担任的是中书侍郎副职，位居正职之后；而通常列举职官时，是依照官职由高到低的顺序进行的。考虑到《唐会要》14处中还记载了"吏部尚书"一职，因此《唐会要》有关"吏部侍郎"的记载应当有误。中书侍郎和尚书官阶相同，为正三品。

颁于天下。

　　二十二年，户部尚书李林甫又受诏改修格令。林甫迁中书令，乃与侍中牛仙客、御史中丞王敬从，与明法之官前左武卫胄曹参军崔见①、卫州司户参军直中书陈承信、酸枣尉直刑部俞元杞等，共加删缉旧格式律令及敕，总七千二十六条。其一千三百二十四条于事非要，并删之。二千一百八十条随文损益，三千五百九十四条仍旧不改②，总成十一卷，《律疏》三十卷，《令》三十卷，《式》二十卷，《开元新格》十卷。又撰《格式律令事类》四十卷，以类相从，便于省览。(20a)二十五年九月奏上，敕于尚书都省写五十本，发使散于天下。其年刑部断狱，天下死罪惟有五十八人。大理少卿徐峤上言：大理狱院，由来相传杀气太盛，鸟雀不栖，至是有鹊巢③其树。于是百僚以几至刑措，上表陈贺。玄宗以宰相变理、法官平允之功，封仙客为邠国公，林甫为晋国公，刑部大理官共赐帛二千匹。

　　自明庆④至先天⑤六十年间，高宗宽仁，政归宫阃。则天女主猜

---

　　①　**崔见**。《唐会要》16 处把他的名字记载为"崔冕"。但在"崔见"和"崔冕"这两个名字之中，究竟哪个正确，笔者无从断言，或许是"崔冕"吧。新旧《唐书》列传中没有将他包括在内。

　　②　文中所载的数字不可尽信。首先，文中所载的总计七千零二十六条，正确应为七千零九十八条。但《通典》卷一六五和《唐会要》16 处所载数字也与七千零九十八条有异。首先，《通典》卷一六五记载："又令删缉旧格式律令及敕，总七千四百八十条。其一千三百四条于事非要，并删除之。二千一百五十条随文损益，三千五百九十四条仍旧不改。"其次，相较于《通典》，《唐会要》16 处则载为："共加删缉旧格式律令及敕，总七千二十六条。其一千三百二十四条于事非要，并删除之。二千一百八十条（随文损益），三千五百九十四条仍旧不改。"由上文可得，不仅上述两部史料中记载的数字本身互有出入，而且同一部史料中的各项数字和总数之间也不吻合。

　　③　**鹊巢**。报喜鸟，寓意吉祥。

　　④　**明庆**。指显庆。

　　⑤　此处的先天年号有误，理由是，高宗的最后一个年号是在公元 683 年，武皇死于公元 705 年。

忌,果于杀戮,宗枝大臣,锻于酷吏,至于移易宗社,几亡李氏^①。神龙之后,后族干政,景云继立,归妹怙权^②。开元之际,刑政赏罚,断于宸极,四十余年,可谓太平矣。及冢臣怀邪,边将内侮,(20b)乘舆幸于巴、蜀,储副立于朔方。曾未逾年,载收京邑,书契以来,未 126 有克复宗社若斯之速也。而两京衣冠,多被胁从,至是相率待罪阙下。而执事者务欲峻刑以取威,尽诛其族,以令天下。议久不定,竟置三司使^③,以御史大夫兼京兆尹李岘、兵部侍郎吕諲、户部侍郎兼御史中丞崔器、刑部侍郎兼御史中丞韩择木、大理卿严向等五人为之。

初,西京文武官陆大钧等陷贼来归,崔器草仪,尽令免冠徒跣,抚膺号泣,以金吾府县人吏围之,于朝谢罪,收付大理京兆府狱系之。及陈希烈等大臣至者数百人,又令朝堂徒跣如初,令宰相苗晋卿、崔圆、(21a)李麟等百僚同视,以为弃辱,宣诏以责之。朝廷又以负罪者众,狱中不容,乃赐杨国忠宅鞫之。器、諲多希旨深刻, 127 而择木无所是非,独李岘力争之,乃定所推之罪为六等,集百僚尚书省议之。肃宗方用刑名,公卿但唯唯署名而已。于是河南尹达奚珣等三十九人,以为罪重,与众共弃。珣等十一人,于子城西伏诛。陈希烈、张垍、郭纳、独孤朗等七人,于大理寺狱赐自尽。达奚挚、张岯、李有孚、刘子英、冉大华二十一人,于京兆府门决重杖死。大

---

① 指唐代皇帝的姓氏。

② **景云继立,归妹怙权**。归妹是《易经》六十四卦中的第五十四卦;参见理雅各:《东方圣书》,卷十六,第180页、第257页和第334页。"景云继立,归妹怙权"影射先后与薛绍、武承嗣、武攸暨成婚的太平公主。太平公主为武则天之女,其胞兄为唐中宗和唐睿宗。

③ **三司使**。参见本书第121页注释④。

理卿张均引至独柳树下刑人处，免死配流合浦郡，而达奚珣、韦恒乃至腰斩。

先是，庆绪至相州，史思明、高秀岩（21b）等皆送款请命，肃宗各令复位，便领所管，至是惧不自安，各率其党叛。其后三司用刑，连年不定，流贬相继。及王玙为相，素闻物议，请下诏自今已后，三司推勘未毕者，一切放免，大收人望。后萧华拔魏州归国，尝话于朝云："初河北官闻国家宣诏放陈希列等胁从官一切不问，各令复位，闻者悔归国之晚，举措自失。及后闻希烈等死，皆相贺得计，无敢归者。于是河北将吏，人人益坚，大兵不解。"

后有毛若虚、敬羽之流，皆深酷割剥，骤求权柄，杀人以逞刑，厚敛以资国。六七年间，大狱相继，州县之内，多是贬降人。肃宗复闻三司多滥，尝悔云："朕（22a）为三司所误，深恨之。"及弥留之际，以元载为相，乃诏天下流降人等一切放归。

代宗宝应元年，回纥与史朝义战胜，擒其将士妻子老幼四百八十人。上以妇人虽为贼家口，皆是良家子女，被贼逼略，恻然愍之，令万年县于胜业佛寺安置，给粮料。若有亲属认者，任还之；如无亲族者，任其所适，仍给粮递过。于是人情莫不感戴忻悦。

大历十四年六月一日，德宗御丹凤楼大赦。赦书节文："律令格式条目有未折衷者，委中书门下简择理识通明官共删定。自至德已来制敕，或因人奏请，或临事颁行，差互不同，使人疑惑，中书门下与删定官详决，（22b）取堪久长行用者，编入格条。"三司使，准式以御史中丞、中书舍人、给事中各一人为之，每日于朝堂受词，推勘处分。建中二年，罢删定格令使并三司使。先是，以中书门下充删定格令使，又以给事中、中书舍人、御史中丞为三司使。至是中书门下奏请复旧，以刑部、御史台、大理寺为之，其格令委刑部删定。

　　元和四年九月敕："刑部大理决断系囚，过为淹迟，是长奸幸。自今已后，大理寺 ① 检断，不得过二十日，刑部覆下，不得过十日。如刑部覆有异同，寺司重加不得过十五日，省司量覆不得过七日。如有牒外州府节目及于京城内勘，(23a)本推即日以报。牒到后计日数，被勘司却报不得过五日。仍令刑部具遣牒及报牒月日，牒报都省及分察使，各准敕文勾举纠访。"

　　六年九月 ②，富平县人梁悦，为父杀仇人秦果，投县请罪。敕："复仇杀人，固有彝典。以其申冤请罪 ③，视死如归，自诣公门，发于天性。志在徇节，本无求生之心，宁失不经 ④，特从减死之法。宜决一百，配流循州。"职方员外郎韩愈献议曰 ⑤：

　　伏奉今月五日敕：复仇，据礼经则义不同天 ⑥，征法令则杀人者

131

---

　　①　笔者无法确定文中有关刑部决断的程序内容的确切技术意义。正因如此，文中相关内容的德文翻译也不甚明确，故而笔者对翻译的正确性抱有疑虑。

　　②　文中所述的梁悦血亲复仇案，参见《唐会要》40/11b 处。

　　③　指梁悦为父报仇的义务。

　　④　还需补充如下内容："……相较于让无罪之人被判死刑这一风险，（宁失不经）。"这里是指本书第 114 页曾详述的注释，参见该页注释 ④。

　　⑤　文中提到的韩愈的奏议在《朱文公校昌黎文集》（编于《四部丛刊》）中的记载最为详尽，具体载于卷七 37/9b—10b 处《复仇状》篇。

　　⑥　**复仇，据礼经则义不同天。**此处影射《礼记》下述两项记载：

　　(1)《礼记》卷一，1/15a 处，《礼记·曲礼上》："父之仇弗与共戴天。"理雅各在《东方圣书》卷二十七第 92 页将该之译为："*With the enemy who has slain his father, one should not live under the same heaven*"。

　　(2)《礼记》卷一，2/11a 处："**子夏问于孔子曰，居父母之仇如之何。夫子曰，寝苫，枕干，不仕，弗与共天下也，遇诸市朝，不反兵而斗。**"理雅各在《东方圣书》卷二十七第 140 页将之译为："Tzu-hsia asked Confucius, saying, 'How should (a son) conduct himself with reference to the man who has killed his father or mother?' The Master said, 'He should sleep on straw, with his shield for a pillow;he should not take office;he

132 死 ①。礼法二事，皆王教之端，有此异同，必资论辩，宜令都省集议
闻奏者。伏以子复父仇，见于《春秋》，见于《礼记》，又见于《周官》，
又见于诸子史，(23b)不可胜数，未有非而罪之者也。最宜详于律，
而律无其条，非阙文也。盖以为不许复仇，则伤孝子之心，而乖先
王之训；许复仇，则人将倚法专杀，无以禁止其端矣。夫律虽本于
圣人，然执而行之者，有司也。经之所明者，制有司也。丁宁其义
于经，而深没其文于律者，其意将使法吏一断于法，而经术之士，

133 得引经而议也。《周官》曰："凡杀人而义者，令勿仇；仇之则死。②"
义，宜也，明杀人而不得其宜者，子得复仇也 ③。此百姓之相仇者也。
《公羊传》曰："父不受诛，子复仇可也。" ④ 不受诛者，罪不当诛也 ⑤。

---

must be determined not to live with the slayer under the same heaven.If he meet with
him in the marketplace or the court,he should not have to go back for his weapon,but
(instantly)fight with him' "。

① **杀人者死**。同样引自《前汉书·刑法志》23/0385c 处，即汉高祖即位后"约法
三章"第一条。福格尔在前揭书第 109 页将之译为："Wer einen Menschen erschlägt,
ist des Todes schuldig"。此外，"杀人者死"一词引自《史记》8/0035a 处；沙畹在《史记》
卷二第 353 页将之译为："Celui qui aura tué un homme sera mis ã mort"。

② **凡杀人而义者，令勿仇，仇之则死**。《周礼》卷二 4/11a 处载为："凡杀人而义者，
不同国，令勿仇，仇之则死。"为便于理解，毕瓯在《周礼》卷二第 305 页至第 306 页做
了补充。韩愈的奏议中省略了上述法文译文中的疏体部分内容。故而笔者以为，这项
省略是一项重大出入之处。依据《周礼》，只有在满足特定前提要件时，才禁止血亲复
仇，例如，在复仇者血亲复仇后要去往别国时，禁止血亲复仇。而根据文中所再现的简
略援引，似乎对血亲复仇采取了绝对禁止的态度。

③ **义，宜也，明杀人而不得其宜者，子得复仇也**。这是韩愈对《周礼》前述引文
的解释。郑玄对《周礼》前述引文有如下评注："义宜也。谓父母，兄弟，师长尝辱焉，
而之者，如是为得其宜，虽所杀者人之父兄，不得仇也，使之不同国而已。"

④ **《公羊传》曰，父不受诛，子复仇可也**。逐字引自《公羊传》，《四部丛刊》卷三，
11/5a 处。

⑤ **不受诛者，罪不当诛也**。文中是对何休(生于公元 129 年，卒于公元 182 年)
注释的逐字援引，参见《公羊传》前揭出处。

又《周官》曰："凡报仇雠者，书于士，杀之无罪。[1]"言将复仇，必先言于官，则无罪也。今(24a)陛下垂意典章，思立定制。惜有司之守，怜孝子之心，示不自专，访议群下。臣愚以为复仇之名虽同，而其事各异。或百姓相仇，如《周官》所称，可议于今者；或为官吏所诛，如《公羊》所称，不可议于今者。又《周官》所称，将复仇，先告于士则无罪者，若孤稚羸弱，抱微志而伺敌人之便，恐不能自言于官，未可以为断于今也。然则杀之与赦，不可一例。宜定其制曰：凡有复父仇者，事发，具其事由，下尚书省集议奏闻。酌其宜而处之，则经律无失其指矣。

元和十三年八月，凤翔节度使郑余庆等详定《格后敕》三十卷，右司郎中崔郾等六人修上。其年，刑部侍郎(24b)许孟容、蒋乂等奉诏删定，复勒成三十卷。刑部侍郎刘伯刍等考定，如其旧卷。

长庆元年五月，御史中丞牛僧孺奏："天下刑狱，苦于淹滞，请立程限。大事[2]，大理寺限三十五日详断毕，申刑部，限三十日闻奏；中事，大理寺三十日，刑部二十五日；小事，大理寺二十五日，刑部二十日。一状所犯十人以上，所断罪二十件以上，为大；所犯六人以上，所断罪十件以上，为中；所犯五人以下，所断罪十件以下[3]，为小。其或所抵罪状并所结刑名并同者，则虽人数甚多，亦同一人之例。违者，罪有差。"

---

[1]　**凡报仇雠者，书于士，杀之无罪**。逐字引自《周礼》卷五 9/25a。毕瓯在前揭书卷二第 352 页将之译为："Quant à ceux qui veulent se venger d'un ennemi, on doit écrire au prévôt de justice. Alors si on les tue, il n'y a pas de délit"。

[2]　**大事**。"大事"一词区别于"大狱"，参见本书第 113 页注释 ①。

[3]　断案十件的刑事程序既属"中事"，也属"小事"。

二年四月,刑部员外郎孙革奏[①]:"京兆府云阳县[②]人张莅,欠羽
136　林官骑(25a)康宪钱米。宪征之[③],莅承醉拉宪,气息将绝。宪男买
得,年十四,将救其父。以莅角觝力人,不敢撝解[④],遂持木锸击莅
之首见血,后三日致死者。准律,父为人所殴,子往救,击其人折
伤,减凡斗[⑤]三等,至死者,依常律[⑥]。即买得救父难是性孝[⑦],非暴;
击张莅是(心)切,非凶。以髫齓之岁,正父子之亲,若非圣化所加,
137　童子安能及此?《王制》称五刑之理,必原父子之亲以权之,慎测浅
深之量以别之[⑧]。《春秋》之义,原心定罪[⑨]。周书所训,诸罚有权[⑩]。

---

　　① 《唐会要》39/16b—17b 处复述了该案历史,而且较《旧唐书》的记述更为详细。
而有关《唐会要》和《旧唐书》的区别,笔者将在后续注释中予以描述。

　　② 《唐会要》如此描述刑部员外郎孙革的奏议:"准京兆府申,云阳力人张莅……"
《唐会要》未用"县"字,而用了"力"字。尽管这两种解读所表达的意思相同,但就笔
者看来,《旧唐书》中的记载或许更胜一筹。

　　③ 《旧唐书》载"征之",《唐会要》载"惩理之"。

　　④ 《旧唐书》载"撝解",《唐会要》载"挥解",两词意义大致相同。

　　⑤ 《唐会要》载"比斗",《旧唐书》载"凡斗"。"凡斗"这种表达在《唐律疏议》
中较为常用,但"比斗"和"凡斗"两词意思相同。

　　⑥ 《旧唐书》于此处有所省略,而这一省略导致在意义表达上令人存惑。

　　⑦ 《旧唐书》中没有这句话。这句话是根据《唐会要》补充而来。

　　⑧ **《王制》称,五刑之理,必原父子之亲以权之,慎测浅深之量以别之。** 该句的援
引并不完整。《礼记》卷二 4/11b 处《礼记·王制》曰:"凡听五刑之讼,必原父子之亲,
立君臣之义,以权之,意论轻重之序,慎测浅深之量,以别之。" 理雅各在《东方圣书》
卷二十七第 236 页将之译为:"When hearing a case requiring the application of any of
the five punishments,(the judge)was required to habe respect to the affection between
father and son, or the righteousness between ruler and minister(which might have been
in the mind of the defendant),to balance his own judgment.He must consider the gravity
or lightness(of the offence)and carefully try to fathom the capacity(of the offender)as
shallow or deep,to determine the exact character(of his guilt)"。

　　⑨ **原心定罪。** 《前汉书·王嘉传》86/0575a 处载:"圣王断狱,必先原心定罪探
意立情。"

　　⑩ **诸罚有权。** 《书经》载为:"轻重诸罪有权"。理雅各在《中国经典》卷三第 607

今买得生被皇风，幼符至孝，哀矜之宥，伏在圣慈。臣职当谳刑，合分善恶。①" 敕："康买得尚在童年，能知子道，虽杀人当死，而为父可哀（25b）。若从沉命之科，恐失原情之义，宜付法司，减② 死罪一等。"　　138

大和七年十二月，刑部奏："先奉敕③ 详定前大理丞谢登《新编格后敕》六十卷者。臣等据谢登所进，详诸理例，参以格式，或事非久要，恩出一时，或前后差殊，或书写错误，并已落下及改正讫。去繁举要，列司分门，都为五十卷。伏请宣下施行。"可之。

八年四月，诏应犯轻罪人，除情状巨蠹，法所难原者，其他过误罪愆，及寻常公事违犯，不得鞭背。遵太宗之故事也④。俄而京兆尹韦长奏："京师浩穰，奸豪所聚。终日惩罚，抵犯犹多，小有宽容，　　139 即难禁戢。若恭守敕旨，则无以肃清；若临事用刑，则有违诏命。（26a）伏望许依前据轻重处置。"从之。

开成四年，两省详定《刑法格》一十卷，敕令施行。

会昌元年九月，库部郎中、知制诰纥干泉等奏："准刑部奏，犯赃官五品已上，合抵死刑，请准狱官令赐死于家者，伏请永为定格。"从之。

页将之译为："The light and heavy fines are to be apportioned in the same way by the balance of circumstances"。

① 《旧唐书》中没有该段末句，文中的句子是由《唐会要》补充而来。

② 即减为流三千里。

③ 《唐会要》32 处也提到了谢登《新编格后敕》六十卷，这显然是一部私家著作。但新旧《唐书》史录中均未提及这部作品，这显然是由于这部作品在进行修改改写之后，纳入到公元 833 年颁布的《格后敕汇编》五十卷之中了。参见本书卷三 "索引和列表"中立法列表第 52 项和第 53 项。也见杨鸿烈：《中国法律发达史》，第 365 页。

④ 参见《新唐书》3a 处。唐太宗较早的敕诏颁布于公元 630 年。

大中五年四月，刑部侍郎刘琢①等奉敕修《大中刑法总要格后敕》六十卷，起贞观二年六月二十日，至大中五年四月十三日②，凡二百二十四年杂敕，都计六百四十六门，二千一百六十五条。七年五月，左卫率仓曹参军张戣进《大中刑法统类》③一十二卷，敕刑部详定奏行之。

140

---

① 文中误将人名写为"刘琢"，正确应为"刘琢"。《唐会要》所载名字正确无误。参见《旧唐书》卷一百七十七。

② 《唐会要》25 处所载的开始时间为二十八日，而非贞观二年六月二十日。

③ 有关法典名称的细微差别参见本书卷三"索引和列表"中立法列表第 58 项。

译本二 《新唐书》卷五十六

宋翰林学士欧阳修撰

《刑法志》

（1a）古之为国者，议事以制^①，不为刑辟，惧民之知争端也。后世作为刑书，惟恐不备，俾民之知所避也。其为法虽殊，而用心则一，盖皆欲民之无犯也。然未知夫导之以德，齐之以礼^②，而可使民

---

① **议事以制**。该处引自《书经》："学古入官，议事以制。"理雅各在《中国经典》卷三第 531 页将之译为："Study antiquity in order to enter on your offices.In deliberating on affairs，determine by help of such study"。由于《新唐书》的上述语句的意义无法脱离上下文语境，因此《新唐书》中"议事以制"所表达的意思和《书经》中的意思有所不同。但究竟《新唐书》的作者引用该句想要表达何意，却不甚明确。倘若《新唐书》的作者通过部分引用《书经》中的语句，欲表达《书经》中该句的完整意思的话，那么这种引用和影射就具有一定价值，即中国古代司法中有先例（Präzedenzfällen）一说（参见程树德：《九朝律考》，卷一《汉律考》，卷一，第 34—41 页）。但从《新唐书》上下文内容看，上述推测似乎不太可能，笔者以为，理雅各译文表达的观点更多的是一种较为现代的表述，指对争议案件更多予以行政解决，而非司法处理。

② **导之以德，齐之以礼**。引自《论语》。理雅各在《中国经典》卷一第 146 页将之译为："The Master said,'If the people be led by laws, and uniformity sought to be given them by punishments, they will try to avoid the punishments,but have no sense of shame. If they be led by virtue, and uniformity sought to be given them by the rules of propriety, they will have the sense of shame, and moreover will become good'"。

迁善远罪而不自知也。

142　　　唐之刑书有四,曰:律、令、格、式。令者,尊卑贵贱之等数,国家之制度也;格者,百官有司之所常行[①]之事也;式者,其所常守之法也[②]。凡邦国之政,必从事于此三[③]者。其有所违及人(1b)之为恶而入于罪戾者,一断以律。律之为书,因隋之旧,为十有二篇:一曰名例,二曰卫禁,三曰职制,四曰户婚,五曰厩库,六曰擅兴,七曰贼盗,八曰斗讼,九曰诈伪,十曰杂律,十一曰捕亡,十二曰断

143　狱。其用刑有五:一曰笞。笞之为言耻也[④];凡过之小者,捶挞以耻之。汉用竹,后世更以楚。《书》曰"扑作教刑"[⑤]是也。二曰杖。杖者,持也;可持以击之[⑥]。《书》曰"鞭作官刑"是也[⑦]。三曰徒。徒者,奴也;盖奴辱之。《周礼》曰[⑧]:其奴,男子入于罪隶[⑨],任之以事[⑩],

---

① **常行**。有关"常行"的理念参见后文《唐六典》6/6b 处。

② 参见《唐六典》6/7a 处其他表述,其中区分了各种法律条文,参见前文第 22 页。

③ 即令、格和式。

④ 句中"耻"与"笞"的意义相同,仅是对"笞"再作解释,该字本身在此处并无其他重要意义。

⑤ **扑作教刑**。理雅各在《中国经典》卷三第 38 页将之译为:"...the stick to be employed in schools"。

⑥ 此处"持"字仅为解释"杖"字,但在此处解释"持"字本身并无实质价值。

⑦ **鞭作官刑**。理雅各在《中国经典》卷三第 38 页将之译为:"...the whip to be employed in the magistrates' courts"。

⑧ 后续引文从《周礼》多处表述中采集总结而来,参见后续注解。

⑨ 参见《周礼》卷五 9/30a 处。毕瓯在《周礼》卷二第 363 页(Biot,Ⅱ,363)将之译为:"Les esclaves soumis ã sa(司厉:Préposé aux malfaiteurs)surveillance, sont aussi divisés: Les esclaves mâles entrent dans le service des coupables condamnés, Tsoui-li"。

⑩ 参见《周礼》卷五 9/31a 处。毕瓯在《周礼》卷二第 366 页将之译为:"Ils leur imposent un service obligatoire..."。

寘之圜①土而教之②，量其罪之轻重，有年数而舍③。四曰流。《书》
云"流宥五刑"④，谓不忍刑杀，宥之于远也。五曰死。乃古大辟之　144
刑也。

（2a）自隋以前，死刑有五，曰：磬⑤、绞、斩、枭、裂。而流、徒
之刑，鞭笞兼用，数皆逾百。至隋始定为：笞刑五，自十至于五十；
杖刑五，自六十至于百；徒刑五，自一年至于三年；流刑三，自一千
里至于二千里；死刑二，绞、斩。除其鞭刑及枭首、轘裂之酷。又
有议、请、减、赎、当、免⑥之法。唐皆因之。然隋文帝性刻深，而　145
炀帝昏乱，民不胜其毒。

唐兴，高祖入京师，约法十二条，惟杀人、劫盗、背军、叛逆者死。
及受禅，命纳言刘文静等损益律令。武德二年⑦，颁新格五十三条，
唯吏受赇、犯盗、诈冒府库物，赦不原。凡断屠日及正月、五月、九

---

①　参见《周礼》卷五 9/10a 处。毕瓯在《周礼》卷二第 310 页将之译为："Il place
tous les malfaiteurs dans la prison centrale..."。

②　参见《周礼》卷五 9/31a 处。毕瓯在《周礼》卷二第 366 页将之译为："...et
ainsi ils les instruisent"。

③　该句并非逐字引自《周礼》，而是重现了《周礼》卷五 9/31a 处表达的意思。

④　理雅各在《中国经典》卷三第 28 页将之译为："...banishment as a mitigation of
the five great inflictions"。

⑤　**磬**。该句例证之一是《礼记》的"公族其有死罪，则磬于甸人。"理雅各在《东
方圣书》卷二十七第 306 页将之译为："When one of the ruler's kindred was found
guilty of a capital offence, he was hanged by some of the foresters' department"。也见
前揭书第 359 页之翻译："That the offender（any of the rulers kindred）was punished in
secret showed（the ruler's）concern for his brethren"。不再在公开场合处决公侯，这是
死刑的一种减罪方式。而这种处决方式作为五种死刑中最轻的一种刑罚，居于五刑之
首。此外，有关唐代高官享有的与之相同的特权参见《唐六典》6/9b 处及《唐会要》40
处中的案件。

⑥　参见《旧唐书》5a—b 处及该处注解（本书第 86 页、第 87 页）。

⑦　此处应为武德元年，即公元 618 年，而非武德二年，参见《唐会要》2 处。

月不行刑 ①。四年，高祖躬录囚徒，以人因乱冒法者众，(2b)盗非劫伤其主及征人逃亡、官吏枉法，皆原之。已而又诏仆射裴寂等十五人更撰律令，凡律五百，丽以五十三条 ②。流罪三，皆加千里 ③；居作三岁至二岁半者悉为一岁 ④。余无改焉。

146

太宗即位，诏长孙无忌、房玄龄等复定旧令，议绞刑之属五十，皆免死而断右趾。既而又哀其断毁支体，谓侍臣曰："肉刑，前代除之久矣，今复断人趾，吾不忍也。"王珪、萧瑀、陈叔达对曰："受刑者当死而获生，岂惮去一趾？去趾，所以使见者知惧。今以死刑为断趾，盖宽之也。"帝曰："公等更思之。"其后蜀王法曹参军裴弘献驳律令四十余事，乃诏房玄龄与弘献等重加删定。玄龄等以谓(3a)"古者五刑，刖居其一。及肉刑既废，今以笞、杖、徒、流、死为五刑，而又刖足，是六刑也。"于是除断趾法，为加役流三千里，居作二年 ⑤。

147

太宗尝览《明堂针灸图》，见人之五藏皆近背，针灸失所，则其害致死，叹曰："夫箠者，五刑之轻；死者，人之所重。安得犯至轻

------

① 　参见《旧唐书》7a 处。文中所述月份中同样禁止杀生断屠，参见本书第 92 页注释 ①。

② 　丽。"丽"之表述含义不明。《旧唐书》2a 处有关段落的表述十分明确，即因五十三条后被并入唐律，因此称其为"入"。

③ 　即二千里、二千五百里，以及三千里。

④ 　若逐字解读文中内容，应为："居作三岁至二岁半者，悉为一岁。"而文中内容显然有误，若依文中"居作三岁至二岁半者悉为一岁"，那么"居作二岁"者，则作为最轻的一种刑罚，不得再被减轻，而其他比"居作二岁"更严重的处罚，则会被减为"居作一岁"，由此看来，文中所载内容意义不明。与之相同的观点可由《唐六典》(京都帝国大学文学部影印本 6/14a 处，东京，1935 年)佐证，该书载，三种等级的流罪都被加上了一千里，且居作三岁、二岁半，以及二岁者，皆悉为一岁。

⑤ 　文中所载二年有误，参见本书第 81 页注释 ③。

之刑而或致死？"遂诏^①罪人无得鞭背。

五年^②，河内人李好德坐妖言下狱，大理丞张蕴古以为好德病狂 148
瞽，法不当坐。治书侍御史权万纪劾蕴古相州人，好德兄厚德方为
相州刺史，故蕴古奏不以实。太宗怒，遽斩蕴古，既而大悔，因诏"死
刑虽令即决，皆三覆奏"。久之，谓群臣曰："死者不可复生。昔王
世充(3b)杀郑颋而犹能悔，近有府史^③取赇不多，朕杀之，是思之
不审也。决囚虽三覆奏，而顷刻之间，何暇思虑？自今宜二日五覆
奏。决日，尚食勿进酒肉，教坊太常辍教习，诸州死罪三覆奏^④，其
日^⑤亦蔬食，务合礼撤乐、减膳之意。"

故时^⑥律，兄弟分居，荫不相及，而连坐则俱死。同州人房强以
弟谋反当从坐，帝因录囚为之动容，曰："反逆^⑦有二：兴师动众一 149
也，恶言犯法二也。轻重固异，而钧谓之反^⑧，连坐皆死，岂定法耶？"
玄龄等议曰："礼，孙为父尸，故祖有荫孙令，是祖孙重而兄弟轻。"
于是令：反逆者，祖孙与兄弟缘坐，皆配没；恶言犯法者，兄弟配流
而已。玄龄等遂与(4a)法司增损隋律，降大辟为流者九十二，流为

---

①　根据《唐会要》66 处，该诏令应颁布于贞观四年（公元 630 年）十一月十七日。
《唐会要》所载内容与《新唐书》记载有所出入，参见《唐会要》84 处对该规定的记载。

②　参见《旧唐书》7b—8a 处对该案的记录。

③　**府史**。《旧唐书》8a 处称其为春府史。

④　后续句子为："其日亦蔬食，务合礼撤乐、减膳之意。"《旧唐书》8b 处关联段
落未提到。正如《唐会要》66 处和 68 处记载，此处指在京城和诸州处决的两项不同的
诏令，前者颁布于贞观（公元 630 年）五年八月二十一日，后者颁布于贞观五年九月九日。

⑤　《唐会要》68 处将文中的"其日"表述为"决外州囚第三日"。

⑥　参见《旧唐书》4a 处（本书第 82 页）中对该案件的记载及注释。

⑦　参见前文第 83 页注释②。

⑧　原文有误，正确应为"反逆"。

徒者七十一，以为律；定令一千五百四十六条 ①，以为令；又删武德
以来敕三千余条为七百条，以为格；又取尚书省列曹及诸寺、监 ②、
十六卫计帐以为式。

150　　　　凡州县皆有狱 ③，而京兆、河南 ④ 狱治京师，其诸司有罪及金吾
捕者 ⑤ 又有大理狱。京师之囚，刑部月一奏，御史巡行之。每岁立
春至秋 ⑥ 及大祭祀、致斋，朔望、上下弦、二十四气、雨及夜未明，
假日、断屠月，皆停死刑。

151　　　　京师决死，涖以御史、金吾，在外则上佐 ⑦，余皆判官 ⑧ 涖之。

----

①　《旧唐书》6a 处和《唐会要》4 处均载为一千五百九十条。

②　参见本书卷三"索引和列表"中唐代机构与官职名目录"九寺"和"五监"。

③　**狱**。这一表述最初指监狱，但常被用来指称司法机构。参见较早（约公元 738
年）撰写的《唐六典》6/9a 处，《唐六典》中狱的数量较上文少了许多。

④　京师所在政府机关。参见本书卷三"索引和列表"中唐代机构与官职名目录
"府"。

⑤　该官职主要负有警察职能，与 Gendarmerie 类似。

⑥　**立春至秋**。需在"秋"字后补充"分"字，应为"秋分"。参见《旧唐书》7a 处及《唐
六典》6/9b 处。

⑦　**上佐**。由于并不存在"上佐"一职，因此此处显然指某类官员的总称。地方
官员中，县级行政的较高级别的职官的官衔中都带"佐"字。但文中"上佐"的意思并
非如此，理由是，例如戴何都在《新唐书·选举志》第 277 页（Des Rotours, *Le Traité
des Examens*, p. 277）将《新唐书》第四十五卷中的"上州以上上佐"译为："州一品官员
以及更高官阶的官员。"由戴氏翻译可见，"上佐"这一职官类型同时包括州一级以及较
高地方机关的官员。《唐六典》6/10b 处也有"佐官"表述，但《唐六典》中"佐官"显然
指通判官。至于"上佐"和"佐官"的意思是否相同，笔者不予置评。

⑧　**判官**。《唐律疏议》第四十条所载"判官"指职官类别。根据《唐律疏议》第
四十条，唐代所有机构中的高级官员，既包括京城中央官员，也包括地方官员，分为四等：

（1）**长官**。若存在多个同级别机构的机构领导，则将机构的主事领导称为"长官"。
"长官"和"长史"是不应混淆的两个官职，详见本书卷三"索引和列表"中唐代机构与
官职名目录"都督""都护"和"刺史"。

（2）**通判官**。例如，大理寺设大理少卿和大理正各两名通判官。

五品以上罪论死，乘车就刑，大理正涖之，或赐死于家。凡囚已刑，无亲属者，（4b）将作给棺，瘗于京城七里外，圹有砖铭，上揭以榜，家人得取以葬。

152

诸狱之长官，五日一虑囚①。夏置浆饮，月一沐之；疾病给医药，重者释械，其家一人入侍，职事散官三品以上，妇女子孙二人入侍。

天下疑狱谳大理寺不能决，尚书省众议之，录可为法者送秘书省。奏报不驰驿②。经覆而决者，刑部岁以正月遣使巡覆，所至，阅狱囚枷校、粮饷，治不如法者。

枷校钳锁皆有长短广狭之制，量囚轻重用之。

囚二十日一讯，三讯而止，数不过二百。

凡杖，皆长三尺五寸，削去节目。讯杖，大头径三分二厘，小 153
头二分二厘。常行杖，大头二分七厘，小头一分七厘。笞杖，大头二分，（5a）小头一分有半。

――――――――――――

（3）**判官**。判官指其余高级官员中负有审判职责的官员。例如大理寺中的大理丞是判官。

（4）**主典**。

划分四等官员的意义是，建立了某一官员犯错由四等官制共同负责的同职连坐制，具体指，若四等官制中某一官员犯错，那么其他官要对同僚所犯错误同样承担责任。设立集体负责制的原因是，就犯案官员之外的其余官员而言，他们显然对错误的发生有责任，例如，他们要么也在相关文书中签字署名了，要么就其职责而言，本应发现并纠正错误。但是，集体负责制下的其余官员依据其等级高低来确定其责任大小。例如，任第三等级的判官中的某一官员犯错，除了该官员作为主犯被罚之外，对其余官员的处罚力度则以当事人，即第三等官职为轴心，首先，自第三等向上类推，即自下而上向更高级别的等级类推递减，也就是说，第二等官职，即通判官等级官员受到的处罚轻于主犯，以此类推，第一等级的官员，即长官等级官员所受处罚则会更轻。其次，对当事人级别以下的官员的处罚力度，则是自第三等向下类推递减，即自上而下向更低级别的等级类推递减，主典作为第四等级的官员所受到的处罚则轻于长官所受处罚。

① **虑囚**。逐字理解为顾虑、讯察囚犯。

② 是否"奏报不驰驿"涉及所有的司法性的奏议。但由皇帝做出的死刑判决肯定属于"奏报不驰驿"之列，参见《唐六典》6/9b 处。

死罪校而加杻，官品勋阶第七者，锁禁之。轻罪及十岁以下至八十以上者、废疾①、侏儒、怀妊皆颂系以待断。

居作者著钳若校，京师隶将作，女子隶少府缝作。旬给假一日，腊、寒食二日，毋出役院。病者释钳校、给假，疾差陪役。谋反者男女奴婢没为官奴婢，隶司农，七十者免之。凡役，男子入于蔬圃，女子入于厨饎。

流移人在道疾病，妇人免乳，祖父母、父母丧，男女奴婢死，皆给假，授程粮。

154　　非反逆缘坐，六岁纵之，特流者三岁纵之，有官者得复仕。

初，太宗以古者断狱，讯于三槐、九棘②，乃诏③："死罪，中书、门下五品以上及尚书等平议之；(5b)三品以上犯公罪流、私罪徒，皆不追身④。"凡所以纤悉条目，必本于仁恕。然自张蕴古⑤之死也，法官以失出为诫，有失入者，又不加罪，自是吏法稍密。帝以问大理卿刘德威，对曰⑥："律，失入减三等，失出减五等⑦。今⑧失入无辜，

---

①　参见本书第 88 页注释 ①。

②　参见本书第 95 页注释 ⑤。

③　有关诏书更详细的内容参见《唐会要》64 处记载。根据《唐会要》64 处引用的公元 629 年的诏令来看，只有三品及四品以上的官员参与了评议。

④　文中内容规定于公元 634 年一月十六日颁布的诏令，参见《唐会要》70 处记载。

⑤　参见本书第 147 页、第 148 页及《旧唐书》7b—8b 处（本书第 95 页、第 96 页记载）。

⑥　《唐会要》卷三十九 10b 处对大理卿刘德威的回答的记载得更详细。但笔者对《唐会要》的该处记载（已于前文《旧唐书》翻译，故而此处）不再另行翻译。就时间而言，《唐会要》记载为贞观十一年五月（公元 637 年）。此外，《唐会要》中还有如下起始句："诚在君上，不由臣下。主好宽则宽，好急则急。"

⑦　参见本书第 94 页注释 ④。

⑧　根据《唐会要》卷三十九 10b 处的记载，此处还需补充如下文字："今则反是……"。

而失出为大罪，故吏皆①深文。"帝矍然，遂命失出入者皆如律，自此吏亦持平。

十四年，诏流罪无远近皆徙边要州。后犯者浸少。十六年，又徙死罪以实西州，流者戍之，以罪轻重为更限。

广州都督党仁弘尝率乡兵二千助高祖起，封长沙郡公。仁弘交通豪酋，纳金宝，没降獠为奴婢，又擅赋夷人。既还，有舟七十。或告其赃，法当死。帝哀其老(6a)且有功，因贷为庶人，乃召五品 156 以上，谓曰："赏罚所以代天行法，今朕宽仁弘死，是自弄法以负天也。人臣有过，请罪于君，君有过，宜请罪于天。其令有司设藁席于南郊三日，朕将请罪。"房玄龄等曰："宽仁弘不以私而以功，何罪之请？"百僚顿首三请，乃止。

太宗以英武定天下，然其天姿仁恕。初即位，有劝以威刑肃天下者，魏征以为不可，因为上言王政本于仁恩，所以爱民厚俗之意，太宗欣然纳之，遂以宽仁治天下，而于刑法尤慎。四年，天下断死罪二十九人。六年，亲录囚徒，闵死罪者三百九十人，纵之还家，期以明年秋即刑；及期，囚皆诣朝堂，(6b)无后者，太宗嘉其诚信 157 悉原之。然尝谓群臣曰："吾闻语曰：'一岁再赦，好人暗哑。'吾有天下未尝数赦者，不欲诱民于幸免也。"自房玄龄等更定律、令、格、式，讫太宗世，用之无所变改。

高宗初即位，诏律学之士撰《律疏》。又诏长孙无忌等增损格敕，其曹司常务曰留司格，颁之天下曰散颁格②。龙朔、仪凤中，司

---

① 后续文句在《唐会要》卷三十九 10b 处的记载十分详尽："……所以吏各自爱，竞执深文，畏罪之所致耳。"

② 参见本书第 90 页注释 ① 及注释 ③。

刑太常伯李敬玄、左仆射刘仁轨相继又加刊正。

武后时，内史裴居道、凤阁侍郎韦方质等又删武德以后至于垂拱诏敕为新格，藏于有司，曰垂拱留司格。神龙元年，中书令韦安石又续其后至于神龙，为散颁格。睿宗即位，户部尚书岑羲等又著(7a)太极格。

158　　玄宗开元三年，黄门监卢怀慎等又著开元格。至二十五年，中书令李林甫又著新格，凡所损益数千条，明年[①]，吏部尚书宋璟又著后格，皆以开元名书。天宝四载，又诏刑部尚书萧炅稍复增损之。

肃宗、代宗无所改造。至德宗时，诏中书门下选律学之士，取至德以来制敕奏谳，掇其可为法者藏之，而不名书。

宪宗时，刑部侍郎许孟容等删天宝以后敕为开元格后敕。

文宗命尚书省郎官[②]各删本司敕，而丞与侍郎复视，中书门下
159　参其可否而奏之，为大和格后敕。开成三年，刑部侍郎狄兼謩采开元二十六年以后至于开成制敕，删其繁者(7b)，为开成详定格。

宣宗时，左卫率府仓曹参军张戣以刑律分类为门，而附以格敕，为《大中刑律统类》，诏刑部颁行之。

此其当世所施行而著见者，其余有其书而不常行者，不足纪也。

---

①　该卷卷末对这一时间的记载有如下考证：若指接下来的一年，即后一年的话，则应为二十六年，即公元 738 年。但因宋璟已于二十五年，即公元 737 年卒，那么他不可能在此之后开始编撰这部格。《旧唐书》19a 处则载，文中的"明年"指六年，即公元 718 年，笔者以为，《旧唐书》中的记载应是准确的。

②　郎官。"郎官"是一项总称，或许指郎中、员外郎，这些官员的官职中都带有"郎"字（即尚书省的六位尚书）。根据文中的后续记载，还委任"丞与侍郎覆视"，因此丞与侍郎应当没有参加该部诏敕的首次删定工作，由此，文中的"郎官"应仅包括郎中和员外郎。而皇帝亲颁并再命删定的这部诏敕则在《唐大诏令集》82/11b 处得到了记载，该处记录的时间为大和元年六月（公元 827 年）。

书曰："慎乃出令。^①"盖法令在简，简则明，行之在久，久则信，而中材之主，庸愚之吏，常莫克守之，而喜为变革。至其繁积，则虽有精明之士不能遍习，而吏得上下以为奸，此刑书之弊也。盖自高 160 宗以来，其大节鲜可纪，而格令^②之书，不胜其繁也。

　　高宗既昏懦，而继以武氏之乱，毒流天下，几至于亡。自永徽以后，武氏已得志，而刑滥矣。当时大狱，以尚书刑部、御史台、大理寺（8a）杂按，谓之"三司"，而法吏以惨酷为能，至不释枷而笞棰以死者，皆不禁。律有杖百^③，凡五十九条^④，犯者或至死而杖未毕，乃诏除其四十九条^⑤，然无益也。武后已称制，惧天下不服，欲制以威，乃修后周告密之法，诏官司受讯，有言密事者，驰驿奏之。自 161 徐敬业、越王贞、琅邪王冲等起兵讨乱，武氏益恐。乃引酷吏周兴、来俊臣辈典大狱，与侯思止、王弘义、郭弘霸、李敬仁、康暐、卫遂忠等集告事数百人，共为罗织，构陷无辜。自唐之宗室与朝廷之士，

---

①　**慎乃出令。**理雅各在《中国经典》卷三第 153 页将之译为："...and be careful of the commands you issue"。参见《唐会要》卷四十第一章的标题及《唐会要》62 处前的第一项备注。

②　**格令。**此处是否应当将"令"字译为（律令格式）中的令，笔者有所怀疑，原因是"格令"中的"令"的变动很少。而此处的"令"，正如后文所使用的，仅应作为"命令"理解，在此基础上再和"格"字合并，应翻译为"格中的命令"或"格和命令"。

③　根据《唐律疏议》的记载，这是最严重的杖刑，参见《旧唐书》4b 处记载。

④　《唐会要》71 处记载与文中数字有所出入，虽然《唐会要》中的名称相同，但是绝非指唐律中的条款，而指唐令中的条款。

⑤　《唐会要》71 处记载的诏令时间为总章二年（公元 669 年）五月十一日。但《唐会要》记载的事实却与文中记载大有不同。根据《唐会要》记载，59 条并非是唐律中所规定的条款，而是唐律之外的条款。在这些条款中，有 47 条被废除，仅留 12 条生效。而《唐会要》的这一记载的准确性，不仅可以依赖于这整部作品大体上的准确性，而且还可由《唐会要》中对这项皇帝诏令的逐字引用记叙加以例证。参见后文《唐会要》71 处。

日被告捕，不可胜数，天下之人，为之仄足，如狄仁杰、魏元忠等皆
几不免。左台御史[①]周矩上疏曰："(8b)比奸憸告讦，习以为常。推
劾之吏，以深刻为功，凿空争能，相矜以虐。泥耳囊头，摺胁签爪，
县发熏耳，卧邻秽溺，刻害支体，糜烂狱中，号曰'狱持'；闭绝食饮，
昼夜使不得眠，号曰'宿囚'。残贼威暴，取决目前。被诬者苟求得
死，何所不至？为国者以仁为宗，以刑为助[②]，周用仁而昌，秦用刑
而亡。愿陛下缓刑用仁，天下幸甚！"武后不纳。麟台正字陈子昂
亦上书切谏[③]，不省。及周兴、来俊臣等诛死，后亦老，其意少衰，
而狄仁杰、姚崇、宋璟、王及善相与论垂拱以来酷滥之冤，太后感寤，
由是不复杀戮。然其毒虐所被，自古未之有也。大足元年，乃诏法
司及推事使敢多作辩状(9a)而加语者，以故入论[④]。中宗、韦后继以
乱败。

　　玄宗自初即位，励精政事，常自选太守、县令，告戒以言，而良
吏布州县，民获安乐；二十年间，号称治平，衣食富足，人罕犯法。
是岁[⑤]刑部所断天下死罪五十八人，往时大理狱，相传鸟雀不栖，至
是有鹊巢其庭树，群臣称贺，以为几致刑错。然而李林甫用事矣，
自来俊臣诛后，至此始复起大狱，以诬陷所杀数十百人，如韦坚、
李邕等皆一时名臣，天下冤之。而天子亦自喜边功，遣将分出以击
蛮夷，兵数大败，士卒死伤以万计，国用耗乏，而转漕输送，远近烦

---

① **左台御史**。御史曾暂时分为左台御史和右台御史。

② **以刑为助**。唐代经常将刑法作为国家政治的最后一道屏障，将之作为"礼"之
后的辅助性的手段运用。

③ 参见本书第108页至第118页对陈子昂上书的复述。

④ 参见本书第94页注释④。

⑤ 根据《旧唐书》20a处记载，该年为公元737年。

费，民力既弊，盗贼起而狱讼繁矣。天子方恻然，诏曰 [①] (9b)："徒非重刑，而役者寒暑不释械系。杖，古以代肉刑也，或犯非巨蠹而棰以至死，其皆免，以配诸军自效。民年八十以上 [②] 及重疾有罪，皆 **164** 勿坐。侍丁犯法 [③]，原之俾终养。" [④] 以此施德其民。然巨盗起，天下被其毒，民莫蒙其赐也。

安、史之乱，伪官陆大钧等背贼来归，及庆绪奔河北，胁从者相率待罪阙下，自大臣陈希烈等合数百人。以御史大夫李岘、中丞崔器等为三司使，而肃宗方喜刑名，器亦刻深，乃以河南尹达奚珣等三十九人为重罪，斩于独柳树者十一人，珣及韦恒腰斩，陈希烈 **165** 等赐自尽于狱中者七人，其余决重杖死者二十一人。以岁除日行刑，(10a)集百官临视，家属流窜。初，史思明、高秀岩等皆自拔归命，闻珣等被诛，惧不自安，乃复叛。而三司用刑连年，流贬相继。及王玙为相，请诏三司推核未已者，一切免之。然河北叛人畏诛不降，兵连不解，朝廷屡起大狱。肃宗后亦悔，叹曰："朕为三司所误。"临崩，诏天下流人皆释之。

代宗性仁恕，常以至德以来用刑为戒。及河、洛平，下诏河北、河南吏民任伪官者，一切不问。得史朝义将士妻子四百余人，皆赦 **166** 之。仆固怀恩反，免其家，不缘坐 [⑤]。剧贼高玉聚徒南山，啗人数千，

----

①　《唐会要》74 处记载的敕诏颁布于公元 745 年。但《唐会要》所记载的公元 745 年的敕诏和上文所言是否为同一项敕诏，笔者并不确定。

②　根据《唐律疏议》第三十条（卷四，第二条）对八十岁以上的罪犯有如下规定："八十以上、十岁以下及笃疾，犯反、逆、杀人应死者，上请；盗及伤人者，亦收赎。……余皆勿论。"由此可见，文中皇帝的诏令未有大的变动。参见前文《旧唐书》6a 处记载。

③　参见《唐律疏议》第二十七条（卷三，第九条）。

④　参见《唐会要》71—73 处诏令。

⑤　参见本书第 82 页注释 ⑧。

后擒获，会赦，代宗将贷其死，公卿议请为菹醢，帝不从，卒杖杀之。谏者常讽帝政宽，（10b）故朝廷不肃。帝笑曰："艰难时无以逮下，顾刑法峻急，有威无恩，朕不忍也。"即位五年，府县寺狱无重囚。故时，别敕决人捶无数。宝应元年，诏曰："凡制敕与一顿杖者，其数止四十；至到与一顿及重杖一顿、痛杖一顿者，皆止六十。"①

德宗性猜忌少恩，然用刑无大滥。刑部侍郎班宏言："谋反、大逆及叛、恶逆四者，十恶之大也，犯者宜如律。其余当斩、绞刑者，167 决重杖一顿处死，以代极法。"② 故时，死罪皆先决杖，其数或百或六十，于是悉罢之③。

宪宗英果明断，自即位数诛方镇，欲治僭叛，一以法度，然于用刑喜宽仁。是时，李吉甫、李绛为相。吉甫言："治天下必任赏罚，（11a）陛下频降赦令，蠲逋负，赈饥民，恩德至矣。然典刑未举，中外有懈怠心。"绛曰："今天下虽未大治，亦未甚乱，乃古平国168 用中典之时④。自古欲治之君，必先德化，至暴乱之世，始专任刑法。

---

①　《唐会要》46处对皇帝予以准奏的上书具体内容进行了逐字记录。

②　《唐会要》卷三十九15b处载记了文中刑部侍郎班宏的奏议内容，因此笔者不再翻译。与上文提及的奏议相比，《唐会要》的记载则有下列不同内容和补充：首先，文中记载的"……其余当斩、绞刑者……"，在《唐会要》中则载为"……其余犯罪别罪应合处斩刑……"。其次，《唐会要》班宏上奏的结尾处还另有一句，该句未见于《新唐书》，即"重杖既是死刑。诸司便不在奏请决重杖限。"再次，《唐会要》记载该敕诏颁布于建中三年（公元782年）八月二十七日。最后，《唐会要》还记载，皇帝准许了班宏的奏议并予以使用（即《唐会要》："……敕旨。依。"

③　贞元八年（公元792年）十一月颁布的诏令罢黜了上述刑罚。

④　乃古平国用中典之时。该句影射《周礼》卷五9/9b处"二曰刑平国用中典"。毕瓯在《周礼》卷二第308页将之译为："Le second est appelé, châtiments des royaumes à l'état de paix. On leur applique le règlement moyen"。该处还有有关执政形式的其他等级的记载，参见本书第74页注释②。

吉甫之言过矣。"宪宗以为然。司空于頔亦讽帝用刑以收威柄，帝谓宰相曰："頔怀奸谋，欲朕失人心也。"元和八年，诏："两京、关内①、河东、河北、淮南、山南东西道死罪十恶、杀人、铸钱、造印，若强盗持仗劫京兆界中及它盗②赃逾三匹者，论如故。其余死罪皆流天德五城，父祖子孙欲随者，勿禁。"③盖刑者，政之辅也。政得其道，仁义兴行，而礼让成俗，然犹不敢废刑，所以为民防也，(11b) **169**宽之而已。今不隆其本、顾风俗谓何而废常刑，是弛民之禁，启其奸，由积水而决其防。故自玄宗废徒杖刑，至是又废死刑，民未知德，而徒以为幸也。

　　穆宗童昏，然颇知慎刑法，每有司断大狱，令中书舍人一人参酌而轻重之，号"参酌院"。大理少卿崔杞奏曰："国家法度，高祖、太宗定制二百余年矣。《周礼》正月布刑，张之门闾及都鄙邦国④，所以屡丁宁，使四方谨行之。大理寺，陛下守法之司也。今别设参酌之官，有司定罪，乃议其出入，是与夺系于人情，而法官不得守 **170**其职。昔子路问政，孔子曰：'必也正名乎⑤。'臣以为参酌之名不正，宜废。"乃罢之。

---

　　① **道**。参见本书卷三"索引和列表"中唐代机构与官职名目录"都督府"。

　　② 《唐律疏议》根据盗窃行为特征，将盗窃区分为不同形式，其区分标准包括：是否使用暴力，即是否采用抢劫形式；是否秘密进行，例如通过侵吞方式。但所有不同形式的盗窃行为的罪名中都有"盗"字，因此"盗"应为各盗窃形式的上位概念，笔者在翻译中将"盗"作为上位概念处理。

　　③ 参见《唐会要》78 处。

　　④ 此处影射《周礼》卷五 9/11b 处。参见本书第 77 页注释 ②。

　　⑤ 逐字引自《论语》。理雅各在《中国经典》卷一第 263 页将之译为："What is necessary is to rectify the names"。就这种所谓的"唯名论者"的哲学观，参见冯友兰著，卜德译：《中国哲学史》，北平，1937 年。

大和六年，(12a)① 兴平县民上官兴以醉杀人而逃，闻械其父，乃自归。京兆尹杜悰、御史中丞宇文鼎以其就刑免父②，请减死③。
171 诏两省④议⑤，以为杀人者死，百王所守；若许以生，是诱之杀人也⑥。谏官亦以为言。文宗以兴免父囚，近于义，⑦杖流灵州，君子以为失刑⑧。文宗好治，躬自谨畏，然阉宦肆孽不能制。至诛杀大臣，夷灭其族，滥及者不可胜数，心知其冤，为之饮恨流涕，而莫能救止。盖仁者制乱，而弱者纵之，然则刚强非不仁，而柔弱者仁之贼也⑨。

武宗用李德裕诛刘稹等，大刑举矣，而性严刻。故时，窃盗无
172 死，所以原民情迫于饥寒也，至是赃满千钱者死，至宣宗(12b)乃罢之。而宣宗亦自喜刑名，常曰："犯我法，虽子弟不宥也。"然少仁恩，唐德自是衰矣。

盖自高祖、太宗除隋虐乱，治以宽平，民乐其安，重于犯法，致治之美，几乎三代之盛时。考其推心恻物，其可谓仁矣！自高宗、武后以来，毒流邦家，唐祚绝而复续。玄宗初励精为政，二十年间，

---

① 《唐会要》卷三十九 16b 处记述了后续案件，因此笔者不再翻译。虽然《唐会要》和《新唐书》对该案件的记述多有出入，但其实质内容并无大的区别。笔者在后续注释中对两者较为重大的不同进行了说明。

② 《唐会要》还包含以下文字"……其孝可奖……"。

③ 《唐会要》中将文中"请减死"载为"请免死"。

④ **两省**。此处可能指中书省和门下省。

⑤ 《唐会要》记载，两省官员曾就此案达成了一致意见。

⑥ 《唐会要》既未记录该句，亦未记录后一句，即未记载"谏官亦以为言"这一句。相反，《唐会要》记载了"久不决"，这句在《旧唐书》中没有记录。

⑦ 《唐会要》还记录到："依悰等议。免死。"

⑧ "君子以为失刑"。该句评价在《唐会要》中未作记载。

⑨ 此处影射《孟子》"贼仁者谓之贼"。理雅各在《中国经典》卷二第 167 页将之译为："He who outrages benevolence proper to his nature, is called a robber"。

刑狱减省，岁断死罪才五十八人[①]。以此见致治虽难，勉之则易，未有为而不至者。自此以后，兵革遂兴，国家多故，而人主规规，无复太宗之志。其虽有心于治者，亦不能讲考大法，而性有宽猛，凡所更革，一切临时苟且，或重或轻，徒为繁文，不足以示后世。(13a)而高祖、太宗之法，仅守而存。故自肃宗以来，所可书者几希矣；懿宗以后，无所称焉。

173

---

① 　根据本书第 163 页的记载，此处"五十八人"数字指某一特定年份的人数，既非多个年份的人数总和，亦非年度平均数字。无论是多年度人数总和，还是年度平均数字，在此处的可能性均不大。

译本三 《唐会要》节选

(一)卷三十九《定格令》*

1. 高祖初入关,除苛政,约法十二条。唯制杀人、劫盗、背军、叛逆者死,余并蠲除之。

2. 武德元年六月一日,诏刘文静与当朝通识之士,因隋开皇律令而损益之,遂制为五十三条,务从宽简,取便于时。其年十一月四日。颁下。

3. 仍令尚书令左仆射裴寂、吏部尚书殷开山、大理卿郎楚之、(1b)司门郎中沈叔安、内史舍人崔善为等,更撰定律令。十二月十二日,又加内史令萧瑀、礼部尚书李纲、国子博士丁孝乌等同修之。至七年三月二十九日成,诏颁于天下。大略以开皇为准,正五十三条,凡律五百条,格入于新律,他无所改正。

4. 贞观十一年正月十四日,颁新格于天下。凡律五百条,分为

---

* 本卷参考:("历代会要丛书")《唐会要》(上),[宋]王溥著,上海古籍出版社2006年版,第819—825页。——译者

十二卷,大辟者九十二条,减流入徒者七十一条 [①];(令)分 [②] 为三十卷,二十七篇,一千五百九十条 [③];格七百条,以为通式。

　　5. 永徽二年闰九月十四日,上新删定律令格式。太尉(2a)长孙无忌、开府仪同三司李绩、尚书左仆射于志宁、尚书右仆射张行成、侍中高季辅、黄门侍郎宇文节、柳奭、尚书右丞段宝元 [④]、吏部侍郎高敬言、刑部侍郎刘燕客、太常少卿令狐德棻、给事中赵文恪、中书舍人李友益、刑部郎中贾敏、行少府监丞张行实、大理丞元诏、太府丞王文端等同修。勒成律十二卷,令三十卷,式四十卷 [⑤],颁于天下。遂分格为两部,曹司常务者为留司格,天下所共者为散颁格 [⑥]。散颁格下州县,留司格本司行用。

　　6. 至三年五月,诏:"律学未有定疏,每年所举明法,遂无凭准,(2b)宜广召解律人修义疏奏闻,仍使中书门下监定。"参撰律疏,成三十卷,太尉长孙无忌、司空李绩、尚书左仆射于志宁、刑部尚书唐绍、大理卿段宝元、尚书右丞刘燕客、御史中丞贾敏行等同撰。四年十月九日上之,诏颁于天下。

　　7. 龙朔二年二月,改易官名,敕司刑太常伯源直心等重定格式,

[176]

---

　　① **大辟者九十二条,减流入徒者七十一条。**准确而言,应为将大辟减为九十二条,将流刑七十一条减为徒刑。因此,究竟将大辟减为何种刑罚,则未予明确。而《新唐书》4a 处却明确地记载了有关减大辟为流刑的内容,即"降大辟为流者九十二,流为徒者七十一。"参见《旧唐书》6a 处注释 ⑦。

　　② 文中"分"字应为印刷错误,正确应为"令"。

　　③ 参见《旧唐书》,本书第 89 页注释 ⑧。

　　④ 文中"段宝元"中的"元"字本应为"玄"字,但因皇帝玄宗也带"玄"字,出于避讳才用"元"字代替。《旧唐书》9a 处正确记载了他的名字"段宝玄"。

　　⑤ 文中显然为印刷错误,正确应为"十四卷"。《旧唐书》6b 处及《新唐书》卷五十八《艺文志》均记载为十四卷,而十四卷的规模也与后来的修律工作所涉范围吻合。

　　⑥ 有关该部散颁格的名称,参见《旧唐书》,本书第 90 页注释 ① 及注释 ③。

唯改曹局之名,而不易篇第,至麟德二年奏上之。

8. 至仪凤二年,官号复旧,又敕删辑。三月九日 ①,删辑格式毕,
177 上之。尚书左仆射刘仁轨 ②、尚书右仆射戴至德、侍中张文瓘、中书
令李敬元 ③、太子右庶子郝处俊、(3a)黄门侍郎来恒、太子左庶子高
智周、吏部侍郎裴行俭、马戴、兵部侍郎萧德昭、裴炎、工部侍郎李
义琰、刑部侍郎张楚金、右司郎中卢律师等。

9. 至垂拱元年三月二十六日,删改格式,加计帐及勾帐式,通
旧式成二十卷。

又以武德以来垂拱已前诏敕便于时者,编为新格二卷,内史裴
178 居道、夏官尚书岑长倩、凤阁侍郎韦方质与删定官袁智宏等十余人
同修,则天自制序。其二卷之外,别编六卷,堪为当司行用,为垂
拱留司格。时韦方质详练法理,又委其事于咸阳县尉王守慎,有经
理之才,(3b)故垂拱格、式,议者称为详密。其律唯改二十四条,
又有不便者,大抵仍旧。

10. 至神龙元年六月二十七日,又删定垂拱格及格后敕,尚书
左仆射唐休璟、中书令韦安石、散骑常侍李怀远、礼部尚书祝钦明、

---

① 《旧唐书》10b 处记载为仪凤二年二月九日,而非仪凤二年三月九日。

② 从文中句子结构观察,无法断定究竟此处列举的官员参与的删订工作是在公
元 677 年,抑或是后文(9 处记载的)公元 685 年。之所以在上文中列举这些官员的理
由在于,《旧唐书》10b 处在有关公元 677 年律法修订的记载中提到了所有上述官员,
只不过《旧唐书》所记载的这些官员的官职与上文有所不同。但是,上述官员参与的修
订工作绝非公元 685 年的律法修订(《旧唐书》11b 处)。《新唐书》6b 处有关公元 677
年的律法修订的记载,仅提到了文中两位官员的名字,即李敬元(刑部尚书)及刘仁轨。
而《新唐书》就公元 685 年律法修订的记载中则没有提到这两名官员。

③ "李敬元"名字中的"元"字,本应为"玄"字,为避讳皇帝玄宗的名号,才改为
"元"字。《旧唐书》正确记载其名字为"李敬玄"。

尚书右丞苏瑰、兵部郎中姜师度、户部郎中狄光嗣等同删定。至神龙二年正月二十五日①已前制敕，为散颁格七卷。又删补旧式，为二十卷，表上之，制，令颁于天下。

11. 景龙元年十月十九日，以神龙元年所删定格式漏略，命刑部尚书张锡集诸明闲法理人，重加删定。

12. 至景云元年，(4a)敕又令删定格令。太极元年二月二十五日，奏上之，名为太极格，户部尚书岑羲、中书侍郎陆象先、左散骑常侍徐坚、右司郎中唐诏、刑部员外郎邵知与、大理丞陈义海、左卫长史张处斌、大理评事张名播、左卫仓曹参军罗思贞、刑部主事阎义颛等同修。

13. 开元三年正月，又敕删定格式令，上之，名为开元格，六卷②，黄门监卢怀慎、刑部尚书李乂、紫微侍郎苏颋、紫微舍人吕延祚、给事中魏奉古、大理评事高智静、韩城县丞侯郢珽、瀛州司法参军阎义颛等同修。

14. 至七年三月十九日，(4b)修令格，仍旧名曰开元后格，吏部尚书宋璟、中书侍郎苏颋、尚书左丞卢从愿、吏部侍郎裴璀③、慕容珣、户部侍郎杨绲、中书舍人刘令植、大理司直高智静、幽州司功参军侯郢珽等同修。

15. 十九年，侍中裴光庭、中书令萧嵩又以格后制敕行用之后，

179

---

① 《新唐书》6a 处记载为神龙元年。
② 根据《旧唐书》6b 处记载以及《旧唐书》卷四十六《经籍志》和《新唐书》卷五十八《艺文志》的记载，该部《开元格》应为十卷。
③ 裴璀。《旧唐书》19a 处则记载为"裴漼"。但新旧《唐书》中均未另辟列传加以记载。

180　与格文相违，于事非便，奏令所司，删撰格后长行敕六卷，颁于天下。

　　16. 二十五年九月一日，复删辑旧格式律令，中书^①李林甫，侍中牛仙客，中丞^②王敬从，前左武卫胄曹参军崔冕^③，卫州司户参军、直中书陈承信，酸枣县尉、直刑部俞元杞等，(5a)共加删缉旧格式律令及敕，总七千二十六条，其一千三百二十四条，于事非要，并删除之，二千一百八十条，随事损益，三千五百九十四条，仍旧不改^④，总成律十二卷，律疏三十卷，令三十卷，式二十卷，开元新格十卷。又撰格式律令事类四十卷，以类相从，便于省览，奉敕，于尚书都省写五十本，颁于天下。

　　17. 二十五年九月三日，兵部尚书李林甫奏："今年五月三十日前敕，不入新格式者，并望不任行用限。"

　　18. 至贞元元年十月，尚书省进贞元定格后敕三十卷，留中

181　不出。

　　19. 至元和二年七月，诏刑部侍郎(5b)许孟容、大理少卿柳登、吏部郎中房式、兵部郎中熊执易、度支郎中崔光、礼部员外郎韦贯之等，删定开元格后敕。

　　20. 八月，刑部奏改律卷第八为斗竞^⑤。

　　21. 至十年十月，刑部尚书权德舆奏："自开元二十五年修格式律令事类三十卷、处分长行敕等，自大历十四年六月、元和二年正

---

　　①　文中载为"中书"，显然指"中书令"。

　　②　文中载为"中丞"，显然指"御史中丞"。参见《旧唐书》19b 处记载。

　　③　参见《旧唐书》，本书第 124 页注释 ①。

　　④　参见《旧唐书》，本书第 124 页注释 ②。

　　⑤　第八卷包括了唐律第二十一章至第二十四章，现有史料中第八卷的标题为"斗讼"。而新的标题"斗竞"两字均有"诉讼"之义。

月，两度制删之，并施行。伏以诸司所奏，苟便一时，事非经久，或旧章既具，徒更烦文，狱理重轻，系人性命。其元和二年准制删定，至元和五年删定毕，所奏三十卷，（6a）岁月最近，伏望且送臣本司。其元和五年已后，续有敕文合长行者，望令诸司录送刑部。臣请与本司侍郎郎官参详错综，同编入本，续具闻奏，庶人知守法，吏绝舞文。"从之。

22. 至十三年八月，凤翔节度使郑余庆等详定格后敕三十卷，左司郎中崔郾、吏部郎中陈讽、礼部员外郎齐庾敬休、著作郎王长文、集贤校理元从质、国子博士林宝用修上。其年，刑部侍郎许孟容、蒋乂等奉诏删定格后敕，敕成三十卷。刑部侍郎刘伯刍等考定，修为三十卷。

23. 至长庆三年正月，刑部奏请户部郎中王正、司门员外郎齐推详正敕格，从之。其月，又请奏："本司郎中（6b）裴潾、司门郎中文格、本司员外郎孙革王永、大理司直杨㤗，与本司尚书崔植、侍郎景重详正敕格。"奏可。

24. 至开成元年三月，刑部侍郎狄兼谟奏："伏准今年正月日制，刑法科条，颇闻繁冗，主吏纵舍，未有所征，宜择刑部、大理官，即令商量条流要害，重修格式，务于简当，焚去冗长，以正刑名者。伏以律令格式，着目虽始于秦、汉，历代增修，皇朝贞观、开元，又重删定，理例精详，难议刊改。自开元二十六年删定格令后，至今九十余年，中外百司，皆有奏请，各司其局，不能一秉大公。其或恩出一时，（7a）便为永式，前后矛盾，是非不同，吏缘为奸，人受其屈。伏见自贞元已来，累曾别敕，选重臣置院删定，前后数四，徒涉历三十岁，未堪行用。今若只令刑部大理官商量重修格式，遽焚

184 冗长，伏恐奸吏，缘此舞文。伏请但集萧嵩[①]所删定建中以来制敕，
分朋比类，删去前后矛盾及理例重错者，条流编次，具卷数闻奏行
用。所删去者，伏请不焚，官同封印，付库收贮。仍慎择法官，法
署省等所断刑狱，有不当者，官吏重加贬黜。所冀人知自效，吏不
敢欺，上副陛下哀矜钦恤之意。"言者宜依。

　　25. 至大中五年四月，(7b)刑部侍郎刘瑑等奉敕修大中刑法统
类[②]六十卷，起贞观二年六月二十八日，至大中五年四月十三日，凡
二百二十四年杂敕，都计六百四十六门，二千一百六十五条。

　　26. 至七年五月，左卫率府仓曹参军张戣编集律令格式条件相
185 类者，一千二百五十条，分为一百二十一门，号曰刑法统类[③]，上之。

　　27. 景龙三年八月九日敕："应酬功赏，须依格式，格式无文，
然始比例。其制敕不言自今以后永为常式者，不得攀引为例。"

　　28. 文明元年四月十四日敕："律令格式，为政之本，(8a)内外
官人，退食之暇，各宜寻览。仍以当司格令书于厅事之壁，俯仰观
瞻，使免遗忘。"

　　29. 开元十四年九月三日敕："如闻用例[④]破敕及令式，深非道
理，自今以后，不得更然。"

　　30. 贞观二年七月二十三日[⑤]，刑部侍郎韩洄奏："刑部掌律令，定

---

①　萧嵩于公元 731 年进行了删定工作。参见前文 15 处所记载。

②　大中刑法统类。文中所提标题有误，该标题误与后文 26 处提到的"刑法统类"
相混淆，参见《旧唐书》26a 处及《新唐书》卷五十八《艺文志》的记载。正确的名称参
见本书卷三"索引和列表"中立法列表第 57 项记载。

③　参见本书第 140 页《旧唐书》注释②和注释③，也见本书卷三"索引和列表"
中立法列表第 58 项记载。

④　有关"例"的概念，参见前文第 103 页《旧唐书》注释②。

⑤　文中显然为印刷错误。因为后文在公元 684 年的敕诏中对此有所提及，此处
似乎应为贞元，即公元 786 年。

刑名,按覆大理及诸州应奏之事,并无为诸司寻检格式之文。比年诸 186
司,每有与夺,悉出检头,下吏得生奸,法直因之轻重。又文明①敕,
当司格令并书于厅事之壁,此则百司皆合自有程式,不唯刑部独有典
章。讹僻日深,(8b)事须改正。"敕旨:"宜委诸曹司,各以本司杂钱,
置所要律令格式。其中要节,仍准旧例录在官厅壁。左右丞勾当事毕
日奏闻。其所诸司于刑部检事,待本司写格令等了日停②。"

31.宝历二年十月,大理卿裴向进前本寺丞卢纾所撰刑法要录
十卷。

32.太和四年七月,大理卿裴谊奏:"当寺格后敕六十卷,得丞
谢登状,准御史台近奏。从今已后,刑部、大理寺详断刑狱,一切 187
取最后敕为定③。"

33.(9a)会昌元年九月,库部郎中、知制诰纥干泉等奏:"准刑
部奏,犯赃④官五品以上,合抵死刑,请准狱官令赐死于家者。伏请
永为定式。"敕旨宜依。

(二)卷三十九《议刑轻重》*⑤

34.武德九年九月八日,吏部尚书、权检校左武卫大将军长孙 188

---

① 参见前文 28 处记载。
② 《通典》第 165 卷亦提到了该敕诏,参见《十通本》,商务印书馆,第 871 页。
③ 笔者很难确定上述奏议的目的。而所引格后敕六十卷源自谢登,参见本书第
138 页《旧唐书》25b 处记载。
④ **犯赃**。即赃罪,参见《唐会要》44 处注释⑦。
* 本卷参考:("历代会要丛书")《唐会要》(上),[宋]王溥著,上海古籍出版社
2006 年版,第 825—837 页。——译者
⑤ 该部分内容不仅包括了一些案件,并就案件中的量刑或法律适用进行了讨论,
而且还涵盖了针对疑难问题的讨论、诏敕和奏议内容。

189 无忌^①被召。不解佩刀入东上阁门^②。尚书右仆射封德彝议^③,以监
门校尉不觉,合死;无忌误带刀入,徒二年,罚铜二十斤^④。诏从之。
大理少卿戴胄驳曰:"校尉不觉,与无忌带入同为误耳。臣子之于
君,不得称误。(9b)准律云:'供御汤药、饮食、舟船,误不如法者,
皆死^⑤。'陛下若录其功,非宪司所决;若当据法,罚铜未为得衷。"

---

① 长孙无忌是唐太宗李世民的妻兄,在太宗即位前便忠实追随李世民。文中提
到的案件发生于唐太宗即位一月后,即公元 624 年九月四日,具体参见后文第 92 段有
关长孙无忌的其他指控内容。太宗驾崩后,高宗执政,发生了文中所载的针对长孙无忌
的指控,而且与指控相关的程序也同步进行。长孙无忌后被判长流,并在流放地自尽。
参见福兰阁(Franke):《中华帝国史》,第二卷,第 392 页、第 412 页。

② 根据《唐律疏议》第五十九条(卷七,第二条),唐代未经允许禁止进入宫门,
即使允许入宫门,也不得随身携带武器。对未经允许擅入宫门者,其所受刑罚则根据擅
入宫门的具体位置逐级区分("诸阑入宫门,徒二年。阑入宫城门,亦同。余条应坐者,
亦准此。殿门,徒二年半。持仗者,各加二等。仗,谓兵器杵棒之属。余条称仗准此。
入上阁内者,绞;若有仗卫,同阑入殿门法。其宫内诸门,不立籍禁而得通内者,亦准此。
若持仗及至御在所者,斩。迷误者,上请。即应入上阁内,但仗不入而持刃人者,亦
以阑入论;仗虽人,不应带横刀而带人者,减二等。即阑入御膳所者,流三千里。入禁
苑者,徒一年。"——译者)。长孙无忌带刀所入宫门的领域,是皇帝日常居住之所,律
文称之为"上阁内",疏亦将之称为"太极殿"。太极殿设两门,殿东为左上阁,殿西为
右上阁。入上阁内者,则当处绞刑,若携带武器,则当斩。但是,是否前述《唐律疏议》
条文在案发时已经生效,则并不知晓,但可以认为,没有证据表明,上述条文直至唐代
才得以确立或在唐代有所更改。

③ 议。长孙无忌作为高官享有如下特权:其所犯罪行的刑罚,只有呈上后才作
决断(《唐律疏议》卷一第七条第六段以及卷二第一条)。一般将该类案件的奏议称为
"议"。此外,《唐律疏议》第五十九条还规定,随身误带武器者,享有"请"的特权。

④ 根据《唐律疏议》第三条,徒刑二年的赎金为铜四十斤,徒刑一年的赎金为铜
二十斤。

⑤ 指《唐律疏议》中的相关规定,这些规定明确,若实施文中列举的罪行,则会
受到重罚,并明确规定,即使罪行本身有误,也将受刑罚。但《唐律疏议》有关携带武
器入宫门的条文中则没有对误带武器是否受到刑罚这个问题做出规定(唐律区别错误、
有误和过失行为)。文中提到的奏议包含了一项类推,即官员在奏议中必须遵循唐律的

太宗曰："法者，非朕一人之法也，何得以无忌国亲，便欲阿之？"更 190
令重议。德彝执议如初，胄又驳曰："校尉缘无忌以致罪，法当轻。
若论其过，则其情一也。生死顿殊，敢以固请。"乃免校尉死刑。

35. 其年九月，盛开选举，或有诈伪资荫者，上令自首，不首者
死①。俄有诈伪者，大理少卿戴胄断流。上曰："朕下敕不首者死，今
断流，示天下以不信。卿欲卖狱乎？"②胄曰："陛下当即杀之，非臣
所及。今既付所司，臣不敢亏法。"（10a）上曰："卿自守法，而令
我③失信耶？"胄曰："法者，国家之所以大信于天下；言者，当时喜 191
怒之所发耳。陛下发一朝之忿④而许杀之，既知不可，置之于流，此
乃忍小忿而存大信。若顺忿违信，臣窃为陛下惜之。"上曰："法有
所失，公能正之，朕何忧也。"⑤

36.

（1）贞观元年三月，蜀王府法曹参军裴宏献，驳律令不便于时
者四十事。宏献于是与房元龄建议，以为古者五刑，刖居其一。及
肉刑既废，制为死、流、徒、杖、笞五等，以备五刑。今复设刖足，
是谓六刑。然减死意在于宽，加刑又加繁峻。乃与八座定议奏闻，
于是又除断趾法，改为加役流三千里，居作二年。又旧条，兄弟分

概念和规定，不能任意提及所谓的"错误、有误"或"该项错误的显著性和重要性"。但
是该项类推的合理性仍值得怀疑。

① 该项惩罚已经超出了律法规定的刑罚之限。

② **卖狱**。该词有怀疑行贿的意思。

③ "我"词在文中只是皇帝出于一己便利加以使用。在其他情况下，皇帝自称"我"
的情形并不常见。

④ 援引孔子语。理雅各在《中国经典》卷一第 260 页将"一朝之忿"译为"For a
morning's anger..."。

⑤ 参见后文 89 处类似案件。

后，荫不相及，连坐俱死，祖孙配流(10b，11a)。

(2)会有同州人房强，弟任统军于岷州，以谋反伏诛，强当从坐。太宗尝录囚徒，悯其将死，为之动容，令百寮详议。元龄等复定议曰："按礼，孙为王父尸；案令，祖有荫孙之义。然则祖孙亲重，而兄弟属轻，应重反流，合轻翻死，据理论情，深为未惬。请定律，祖孙与兄弟缘坐，俱配流。其以恶言犯法不能为害者，情状稍轻，兄弟免死，配流为允。"从之。

(3)十一年五月，上问大理寺卿刘德威曰："近来刑网稍密，何也?"对曰："诚在君上，不由臣下。主好宽则宽，好急则急。律文失入减三等，失出减五等。今则反是，失入则无辜，失出则获大罪。所以吏各自爱，竞执深文，畏罪之所致耳。"太宗然其言。由是失于出入者，各依律文。

37.十六年七月敕："今后自害之人，据法加罪，仍从赋役。[①]"自隋季政乱，征役繁多，人不聊生。又自折生体，称为"福手""福足"，以避征戍。无赖之徒，尚习未除，故立此例。

38.十八年九月，茂州童子张仲文忽自称天子，口署其流辈数人为官司。大理以为指斥乘舆，虽会赦犹斩。太常卿、摄刑部尚书韦挺奏："仲文所犯，止当妖言，今既会赦，准法免死。"上怒挺曰："去十五年，怀州人吴法至浪入先置钩陈，口称天子，大理、刑部皆言指斥乘舆，咸断处斩。(11b)今仲文称妖，乃同罪异罚。卿乃作福于下，而归虐于上耶!"挺拜谢趋退。自是宪司不敢以闻。数日，刑部尚书张亮复奏："仲文请依前以妖言论。"上谓亮曰："韦挺不识刑

₁₉₂

---

① 该段内容以正文评议形式出现。

典,以重为轻,当时怪其所执,不为处断。卿今日复为执奏,不过 193
欲自取删正之名耳。屈法要名,朕所不尚。"亮默然就列。(12a)上
谓之曰:"尔无恨色,而我有猜心。夫人君含容,屈在于我,可申君
所请,屈我所见。其仲文宜处以妖言。"

39. 二十一年,刑部奏言:"准律,谋反大逆,父子皆坐死,兄弟
处流。此则轻而不惩,[①] 望请改重法。"制遣百寮详议。司议郎敬播
议曰:"昆弟孔怀,人伦虽重,比于父子,情理已殊。[②] 生有异室之文,
死有别宗之义。今有高官重爵,本荫惟逮子孙;胙土析珪,余光不 194
及昆季,岂有不沾其荫,辄受其辜?背理违情,恐为太甚。必其反
兹春令,踵彼秋荼,创次骨于道德之辰,建深文于刑措之日 [③],臣将
不及。"物论谓宜,诏从之。

40.(12b)永徽二年七月二十五日,华州刺史萧龄之前任广州都
督,受左智远及冯盎妻等金银、奴婢等 [④],诏付群臣议奏。上怒,令
于朝廷处尽。御史大夫唐临奏曰:"臣闻国家大典,在于刑赏,古先
圣王,惟刑是恤。今天下太平,合用尧舜之典。比来有司多行重法,
叙勋必须刻削,论罪务从重科。非是憎恶前人,止欲自为身计 [⑤]。今 195
议龄之之事,有轻有重,重者至流死,轻者请除名。以龄之受委大藩,
赃罚狼藉,原情取事,死有余辜。然既遣详议,终须近法。(13a)臣

---

① 参见《旧唐书》4a 处、本书第 82 页及第 83 页的类似案件。《旧唐书》的类似
案件涉及谋反的孙子和兄弟的对比,上文中的案件则是对父子进行对照。

② 《唐律疏议》第一百五十五条(卷十二,第六条)规定:"诸祖父母、父母在,而
子孙别籍、异财者,徒三年。"兄弟可以在祖父母或父母丧期过后分家财。

③ 参见本书第 113 页的论述。

④ 为实行违法行为收受贿赂,应受最重的刑罚为绞刑。参见第 196 页注释 ⑧。

⑤ 相同的观点参见本书第 101 页注释 ④。

窃以律有八议①，并依周礼旧文，矜其异于众臣，所以特制议法。礼王族刑于僻处②，所以议亲③；刑不上大夫④、⑤所以议贵⑥。明知重其亲贵，议欲缓刑，非为嫉其贤能，谋致深法。今议官必于常法之外，议令入重，正与尧舜相反，不可为万代法。臣既处法官，不敢以闻。"诏遂配流岭南。

196　　　　41. 神龙元年正月，赵冬曦上书："臣闻夫今之律者，昔乃有千余条。近者隋之奸臣将弄其法，故着律曰：'犯罪而律无正条者，应出罪则举重以明轻，应入罪则举轻以明重⑦。'立夫一条，而废其数百条。自是迄今，竟无刊革。(13b)遂使死生罔由乎法律，轻重必由乎爱憎，受罚者不知其然，举事者不知其犯，臣恐贾谊⑧见之必为之恸哭矣。夫立法者，贵乎下人尽知，则天下不敢犯耳。何必饰其文义，简其科条哉。夫科条省则下人难知，文义深则法吏得便。下人难知，则暗陷机阱矣，安得无犯法之人哉；法吏得便，则比附而用之矣，安得无弄法之臣哉。臣请律令格式复更刊定其科条，言罪
197　直书其事，无假饰其文。以准加减比附量情，及举轻以明重、不应得为⑨而为之类，皆勿用之。使愚夫愚妇，闻之必悟，则相率而远之

---

①　《旧唐书》5a 处，本书第 86 页。

②　参见本书第 144 页注释⑤。

③　此为八议第一等级。参见本书第 86 页。

④　此为八议特权阶级中的第六等级。参见本书第 86 页。

⑤　**大夫**。这是周朝官阶最高的官员名称。

⑥　**刑不上大夫**。《礼记》卷一 1/14a 处，理雅各在《东方圣书》卷二十七第 90 页将之译为："The penal statutes do not go up to great officers"。

⑦　参见本书第 94 页注释①。

⑧　贾谊是汉代的杰出官员，参见 Giles, *Biographical Dictionary*, Nr.321。

⑨　**不应得为**。《唐律疏议》第四百五十条（卷二十七末条）规定："诸不应得为而为之者，笞四十。"这是一项旨在惩罚所有违反道德和秩序行为的一般条款，但该条款的事实构成并不明确。

矣，亦安肯知而故犯哉。苟有犯，虽贵必坐，则宇宙之内，肃肃然咸服矣。(14a)故曰，法明则人信，法一则主尊。书曰：'刑期于无刑 ①。'诚哉是言。"

42. 开元十年十一月，前广州都督裴伷先下狱，中书令张嘉贞奏请决杖。兵部尚书张说进曰："臣闻刑不上大夫 ②，以近于君也，故曰士可杀不可辱。臣今秋巡边，中途闻姜皎朝堂决杖流。皎是三品，亦有微功，不宜决杖廷辱，以卒伍待之 ③。且律有八议，勋贵在焉。令伷先既不可轻，岂可决罚。"上然其言。④ 嘉贞不悦，退而谓说曰："何言事之深也。"说曰："宰相者，时来即为，岂能长据。若贵臣尽当可杖，但恐吾等行当及之。此言非为伷先，乃为天下士君子也。"

43. (14b)天宝六载正月十三日敕："自今已后，所断绞斩刑者，宜削除此条，仍令法官约近例详定处分 ⑤。"

44. 开元元年十二月十四日，刑部奏："准名例律法云 ⑥：'狱成，谓赃 ⑦ 状露验，及尚书省断讫未奏。'疏曰：'赃，谓所犯之赃，见获本物；状，谓杀人之类，得状为验，虽在州县，并为狱成。若尚书省

198

199

---

①　**刑期于无刑**。理雅各在《中国经典》卷三第 58 页将之译为："through punishment there may come to be no punishments"。

②　参见本书第 195 页注释 ⑥。

③　被判流刑时应"以卒伍待之"。

④　文中该段是正文评注。

⑤　该项（"仍令法官约近例详定处分"）内容在十二年之后再次被废黜，参见后文第 45 段。

⑥　引自《唐律疏议》第十八条（卷二末条）。

⑦　"赃"与"赃罪"这两个概念意义相同。"赃罪"是六类罪的集合概念，这个概念除包括盗和劫之外，还包括其他不同的行贿的类型。

断讫未奏,即刑部^①覆讫未奏,亦为狱成。'今法官商量,若款自承伏,已经^②闻奏,及有敕付法,刑名更无可移者,谓同狱成。臣今与法官审加详议,将为稳便,如天恩允许,仍永为常式。"敕旨依。

45. 二年六月十四日,(15a)刑部奏:"谨按五刑,笞、杖、徒、流、死是也。今^③准敕,除削绞^④死,唯有四刑。每定罪,须降死刑,不免还计斩绞。敕、律互用,法理难明。又应决重杖^⑤之人,令式先无分析,京城知是蠹害,决者多死,外州见流岭南,决不至死。决有两种,法开二门。"敕旨:"斩绞刑宜依格律处分。"

46. 至宝应元年九月八日,刑部、大理奏:"准式^⑥,制敕处分与一顿杖者,决四十;至到与一顿^⑦,及重杖一顿,并决六十^⑧;无文至死者,为准式处分。又制敕或有令决痛杖一顿者,式文既不载杖数,请准至到与一顿决六十,并不至死。"敕旨依。至建中三年八月二十七日。

47. 刑部侍郎班宏奏:"其十恶中,恶逆已上四等罪,请准律用刑,其余犯别罪应合处斩刑。自今已后,并请决重杖一顿处死,以代极法。重杖既是死刑,诸司便不在奏请决重杖限。"敕旨依。(15b)

---

① 文中"刑部"是尚书省下属部门之一。

② 此处究竟应译为"和"还是"或",尚不明确。根据句子语法结构,或许应翻译为"和"。

③ 参见前文 43 处。

④ 文中缺少"斩"字样,应为"绞斩死"。

⑤ 参见后文 46 处。

⑥ 参见后文 72 处公元 724 年的敕诏。

⑦ **至到与一顿。**从"至到"的文字表述或许可以推测,该词有杖刑至死的意思。

⑧ 参见《新唐书》10b 处,本书第 166 页。

48. 元和二年十一月，斩李锜①并男师回于子城西南隅。初，诏书削锜属籍，宰臣郑絪、李吉甫等，议其所坐，(16a)亲疏未定，乃召兵部郎中蒋乂问曰："诏罪锜一房，当是大功内耶？"乂曰："大功是锜堂兄弟，即淮安王神通之下。锜即淮安王五代孙也。淮安有大功②于国，陪陵配飨，事着史册。今若以其裔孙叛逆之罪，而上累淮安，非也。"吉甫又问曰："锜亲兄弟当连坐③否？"武(乂)④曰："锜亲昆弟皆是若幽⑤之子，若幽累着功勋，死于王事。即使锜之兄弟从坐，若幽便当籍没者，于典礼亦所未安。"宰臣颇以为然。

202

49. 五年五月敕："李师古尝经任使，待以始终，虽是师道近亲，典章宜有差降。其妻裴氏及女宜娘，并于邓州安置。"又敕："李宗奭本于凶狠，自抵诛夷，用戒猖狂，合从孥戮。故其微细，已正刑章；特示含宏，载宽缘坐。其妻韦氏及男女等，先收在掖庭，并宜放出。"前数日，上谓宰臣曰："李师古虽自袭祖父，然朝廷待以始终，其妻于师道，即嫂叔也，虽曰逆人亲属，量其轻重，宜降等。又宗奭虽抵严宪，其情比之大逆，亦有不同。其妻士族也，今与其子女俱在掖庭，于法皆似过深，卿等曾留意否？"崔群对曰："圣情仁恻，罪止凶魁，其妻子近属傥获宽恕，实合宏覆之道。"上遂出之。准法，逆人亲属得原免者，唯止一身。至是，其奴婢资货，悉令还付。

50. 长庆二年四月，刑部员外郎孙革奏："准京兆府申，云阳力

---

① "李"姓皇亲。

② **大功**。"大功"亦指八议中第五等。参见《旧唐书》5a处，本书第86页。

③ 有关"连坐"的概念，参见前文第82页注释⑧。

④ 文中"武"字显然为一处印刷错误，应为"乂"。

⑤ 李锜之父。

人张苣欠羽林官骑康宪钱米，惩理之，苣乘醉拉宪，气息将绝。宪男
买得，年十四，将救其父，以苣角抵力人，不敢挥解，遂将木锸击苣
之首，见血，后三日致死者。准律，父为人所殴，子往救，击其人折伤，
减比斗三等，至死者，依常律，即买得合当死刑。伏以律令者，用防
凶暴；孝行者，以开教化，今买得救父难，是性孝非暴；击张苣，是
心切非凶。以髫丱之岁，正父子之亲，若非圣化所加，童子安能及此。
王制称五刑之理，必原父子之亲；春秋之义，原心定罪；周书以训，
诸罚有权。今买得生被皇风，幼符至孝，哀矜之宥，伏在圣慈。职
当谳刑，合申善恶，谨先具事由陈奏。伏冀下中书门下商量。"敕旨：
"康买得尚在童年，能知子道，虽杀人当死，而为父可哀。若从沉命
之科，恐失原情之义，宜付法司，减死罪一等处分。"（16b—17b）

51.宝历三年，京兆府有姑鞭妇致死者，奏请断以偿死。刑部
尚书柳公绰议："以尊殴卑，非殴也。且其子在，以妻而戮其母，非
教也。"遂减死焉 ①。

52.大和四年十二月，刑部员外郎张讽、大理少卿崔圮等奏议
亲议贵事。其一议亲② 曰："皇帝至太皇太后③、皇后亲，有内外服同
者，皆在议条。（18a）伏以亲疏之序，既有等衰，即雨露之恩，皆宜

203

---

① 《唐律疏议》第三百三十条第二款（卷二十二，第十四条）就该案有明确规定。
根据《唐律疏议》的规定："……诸妻妾詈夫之母者，徒三年"。现有的《唐律疏议》版
本是公元 853 年，或许是更晚时间的《唐律疏议》版本，文中记载的案件时间为公元
764 年。但这似乎不太可能，因为这项存疑的刑法规则，事实上创制于公元 764 年之后。
文中刑部尚书的观点，即，若较年长的家庭成员鞭打年轻的家人时，当事人不应受惩罚。
而刑部尚书的这一观点与唐令不符。

② 参见《旧唐书》5a 处。

③ 此处自然包括皇帝母亲的亲戚，虽然文中未予列举，但却规定于《唐律疏议》
第七条。

沾洽，此实皇王大猷，自家刑国，亲九族协万邦之旨也①。近者，绛州刺史裴锐所犯赃罪至深，陛下以太皇太后之亲，下尚书省集议。此乃陛下知刑赏之理重，与众共之。伏请今后亲有任刺史、监临、主守②，犯赃罪得蒙减死者，必重其过，直以赃罪为污累，定刑流决外，其后子孙，并不得任理人官③及为监临、主守。庶得家知其耻，人革非心。"

其一议贵曰："谨按礼经，贵谓近于君也④，非独高秩厚俸之为贵。今后刺史非在朝文武职事三品官任者⑤，于所部犯赃抵死罪，并不得以刺史品秩议贵，征司议条，免所犯罪。如先任在朝三品，合在议条者，即准议亲条决流外，子孙者，未得任理人官及监临、主守。(18b)如有法官及本官推官，不详官品，妄有引议，请科违敕罪。其功勤宾故等，有犯赃罪同者，并请准亲、贵之法。"

敕："官必任亲贤贵，无宜轻授，罚不及嗣⑥，经训具有明文，若坐子孙，虑伤事理，此一节且仍旧，余依。"

53. 六年五月，兴平县民上官兴因醉杀人而亡。官捕其父囚之，兴自归有司请罪。京兆尹杜悰、御史中丞宇文鼎以兴自首免父之

---

① 参见《书经》及理雅各《中国经典》卷三第 17 页。

② 有关官员类别参见《唐律疏议》第五十四条(卷六，第十条)等内容"诸称'监临'者，统摄案验为监临。谓州、县、镇、戍、折冲府等。……称'主守'者，躬亲保典为主守。""主守"，谓行案典吏，专主掌其事及守当仓库、狱囚、杂物之类。参见杨鸿烈：《中国法律发达史》，卷一，第 407 页。

③ **理**(＝治)人官。

④ 参见前文 40 处、42 处。

⑤ 高官特权阶层包括正三品以上官员。

⑥ **罚不及嗣**。引自《书经》"罚弗及嗣"。理雅各在《中国经典》卷三第 59 页将之译为："Punishments do not extend to the criminal's heirs"。

囚，其孝可奖，请免死。诏两省官参议，皆言杀人者死，古今共守，兴不可免，久不决。上竟以兴免父囚，近于义，依惊等议，免死，决杖八十，配流灵州。(19a)

54. 开成三年五月，刑部奏："准今年二月八日赦书，官典犯罪，不在此限者。伏以律载赃名，其数有六，官典有犯，并列科则。其闲有入己者 ①，罪即悬别。今请监临、主守 ② 将官物私自贷用，并借贷人及百端欺诈等，不在赦限；如将官物还充公用，文记分明者，并请原免。"敕旨："宜依。"

55. 会昌元年十二月，都省奏："准开成五年十二月十四日中书门下奏。准律，窃盗五匹以上 ③，加役流 ④，今自京兆、河南尹，(19b) 逮于牧守，所在为政，宽猛不同，或以百钱以下毙踣，或至数十千不死 ⑤。轻重既违法律，多以收禁为名 ⑥，法自专行，人皆异政。然禁严则盗贼屏息，闾里皆安；政缓则攘窃盗行，平人受弊。定其取舍，在峻典刑。自今已后，天下州府窃盗贼，计赃几贯，须处极法。臣等商量，望委中书门下五品以上，尚书省四品以上，御史台五品已

---

① 也可"赃入国库"。

② 参见前文第 203 页注释 ③。

③ 唐律区分各种"盗"。文中涉及的是"窃盗"，"窃盗"是和"强盗"相对的一个概念。参见《唐律疏议》第二百八十一条、第二百八十二条（卷十九，第十二条、第十三条）。

④ 根据《唐律疏议》第二百八十二条（卷十九，第十三条）的规定，盗窃五十匹已是最高刑罚。因此，文中的盗窃"五匹"，或许是一项印刷错误。

⑤ 有关盗窃数量的估值问题，是按照将"布匹"换算成"钱"来计算。但是，应如何计算价值这个问题则被不断探讨并被不断重新规定。而以"匹"作为估价标准，则提出了一个计价标准的问题，即个案中究竟应按照何种价值计算：是按照市场价值，还是按照官方定价；是按照案件当地价格，还是按照京城价格计算，等等。

⑥ **以收禁**。指为了杜绝犯罪行为等。

上，与京兆尹同议奏闻，仍编入格令。所冀异懦者政无宽纵，刚戾者刑不至残，各奉朝章。法归画一。其强盗贼，法律已重，不在此　207限。(20a)仍委出使郎官、御史，及度支、盐铁、巡院察访，务令遵守，不得隳违者。

伏以窃盗本无死刑，遂使刑法不一。臣等既奉诏旨，敢不尽心。臣请自今已后。入不应窃盗贼赃至绢三匹，即处极法，如未满二匹，即任节级科处，不失罪人，其计赃数，即请准律以所在 [①] 估绢为定。其两京及军府浩穰之地，或事繁一时，制断有异，则请许量情定罪，务在得中。自然法禁不亏，刑名可守。"

敕旨："朝廷施令，所贵必行，合于事情。方可经久。自今已后，窃盗计赃至钱一贯 [②] 以上，处极法。抵犯者便准法处分，不得以收禁为名。其奴婢本主及亲戚同居 [③] 行盗，(20b)并许减等，任长使酌度轻重处分。如再四抵犯，及有徒党须惩，不在此例。"

56. 三年十二月，泽潞刘祯平，欲定其母裴氏罪，令百寮议之。刑部郎中陈商议曰："周礼司寇之职'男子入于罪隶，女子入于舂槁 [④]。'汉律云：'妻子没为奴婢。'"钟繇曰："自古帝王，罪及妻子，又晋朝议在室之女，从父母之诛；既适之妇，从夫家之罚，谨按奴　208婢舂槁，罪罚之类，名则为重，而非罪刑。然事出一时，法由情断。裴氏为恶有素，为奸已成，分衣固其人心，申令安其逆志。臣等参议，宜从重典。"

---

① 　参见《唐律疏议》第三十四条（卷四，第六条）。

② 　一贯等于一千钱。

③ 　参见《唐律疏议》卷二十。

④ 　参见毕瓯：《周礼》，卷二，第 310 页、第 363 页及第 364 页。

从之。(21a)

57. 五年正月三日制节文："据律，已去任者，公罪流已下勿论①。公罪之条，情有轻重，苟涉欺诈，岂得勿论。自后公罪有情状难恕，并不在勿论之限②。"

58. 大中四年正月敕："攘窃之兴，起于不足。近日刑法颇峻，窃盗益烦，赃至一千，便处极法。轻人性命，重彼货财，既多杀伤，且乖教化，况非旧制，须议更改。其会昌元年二月二十六日③敕，宜令所司。重详定条流。"

59. 四年四月，请依建中三年三月二十四日敕，(21b)每有盗贼赃满绢三匹已上，决杀；如赃数不充，量情科处。

60. 五年十月敕："今后有官典犯赃及诸色取受④，但是全未发觉已前，能经陈首，即准律文与减等⑤。如知事发，已有萌兆，虽未被追捕勘问，亦不许陈首之限。"

61. 干符四年正月五日敕："法律有去任勿论之条⑥，颇为侥幸，今后应删。吏所犯诸罪，五年之后，去任勿论；五年内，同见任官例追收，据事定刑。"

---

①　《唐律疏议》第十六条第二款（卷二，第九条）规定为："……卑官犯罪，迁官事发；在官犯罪，去官事发；或事发去官：犯公罪流以下各勿论……"。

②　参见后文61处。

③　此处所指诏令，显然是前文24处记载的皇帝敕诏。因此文中的"二月"应为"十二月"。

④　犯赃及诸色取受。

⑤　参见《唐律疏议》第三十七条（卷五，第一条）。

⑥　参见前注①。

（三）卷四十《君上慎恤^①》*

62.（1a）武德二年二月，武功人严甘罗行劫，为吏所拘。高祖谓曰："汝何为作贼？"甘罗言："饥寒交切，所以为盗。"高祖曰："吾为汝君，使汝穷乏，吾罪也。"因命舍之。

63. 贞观二年十月三日，殿中监卢宽持私药入尚食厨，所司议当重刑，上曰："祗是错误。"遂赦之。

64. 三年三月五日，大理少卿胡演进每月囚帐，上览焉。（1b）问曰："其闲罪亦有情或可矜，何容皆以律断？"对曰："原情宥过，非臣下所敢。"上谓侍臣："古人曰，鬻棺之家，欲岁之疫，非恶于人^②，而利于棺。故今之法司，覆理一狱，必求深刻，欲成其考。今作何法，得使平允？"王珪奏曰："但选良善平恕人，断狱允当者赏之，即奸伪自息。"上曰："古者断狱，必讯于三槐、九棘^③之官，今三公九卿^④即

---

　　① **君上慎恤**。"慎"和"恤"这两个概念不断重复出现于有关法政策的探讨中。"慎""恤"两字源自《书经》"惟刑之恤哉。"理雅各在《中国经典》卷二第 39 页及第 383 页将之分别译为："Let compassionate rule in punishment" 和 "careful in the use of punishments"。此外，《礼记》也有如下表述："君子以明慎用刑而不留狱。"理雅各在《东方圣书》卷十六第 337 页将之译为："The superior man, in accordance with this, exerts his wisdom and caution in the use of punishments and not allowing litigations to continue"。参见本书第 159 页注释 ①，即后文 85 处（第 220 页注释 ①）。

　　* 本卷参考：（"历代会要丛书"）《唐会要》（上），[宋] 王溥著，上海古籍出版社 2006 年版，第 839—844 页。——译者

　　② **非恶于人**。参见前文第 101 页注释 ④。

　　③ 参见《旧唐书》7b 处记载（本书第 95 页）。

　　④ **九卿**。九卿即掌管九寺大臣，唐代九卿不再行使独立行政职能，其职能更多地由六部行使。唐代三公也不再行使领导职能。因此，唐代不再委付三公九卿死刑复议，

其职也。自今天下大辟罪，皆令中书门下四品已上及尚书①议之。"

65. 至三月十七日，大理引囚过次，到岐州刺史郑善果。上谓胡演曰："郑善果等官位不卑，纵令犯罪，不可与诸囚同列。(2a)自今三品已上犯罪，不须将身过朝堂听进止。"

66.

(1) 四年十一月十七日制："决罪人不得鞭背。"(2b)初，太宗以暇日阅明堂孔穴图，见五脏之系咸附于背，乃叹曰："夫棰，五刑之最轻者也，岂容以最轻之刑而或致之死。古帝王不悟，不亦悲夫!"即日遂下此诏。

(2) 五年八月二十一日诏："死刑虽令即决，仍三覆奏，在京五覆奏。以决前一日三覆奏，决日三覆奏，惟犯恶逆者，一覆奏。着于令。"初，河内人李好德风疾瞽乱，有妖妄之言，诏大理丞张蕴古按其事。蕴古奏："好德颠病有征，法不当坐。"治书侍御史权万纪劾蕴古贯属相州，好德兄厚德为其刺史，情在阿纵。遂斩于东市，既而悔之，遂有此诏。

67. 至上元元年闰四月十九日，赦文："自今已后，其犯极刑，宜令本司，依旧三覆②。"

68. 其年十一月九日敕③："前敕在京决死囚日，进蔬食。自今

死刑复议职能由门下省、中书省以及六部行使。就这一点而言，存在如下共识：早前高官的职能已转由六部行使。

① 《旧唐书》7b 处（本书第 95 页）记载到，参与该事项的尚书官阶为五品以上。《新唐书》5a 处（本书第 164 页）记载相同。

② 参见本书第 97 页《旧唐书》8a—b 处及注释④。

③ 参见《新唐书》3a 处及《旧唐书》8b 处（本书第 97 页、第 148 页）。就该项敕诏的日期而言，它与前文 66 (1) 处记载的敕诏日期相符，只是在两段中插入了 67 处记载的文字。

已后，决外州囚第三日，亦进蔬食。"因谓三品已上 ① 曰："今曹司未能奉法，在下仍多犯罪，数行刑戮，使朕数食空饭，公等岂不为愧？宜各存心，以尽匡救。"

69. 六年十二月十日，亲录囚徒，放死罪三百九十人归于家，令明年秋来就刑。其后应期毕至，诏悉原之。(3a)

70. 七年十二月十二日诏："三品已上犯公罪流，私罪徒，送问 ② 皆不追身。"

214

71. 总章二年五月十一日，上以常法外 ③，先 ④ 决杖一百，各致殒毙，乃下诏曰："别令于律外 ⑤ 决杖一百者，前后总五十九条。决杖既多，或至于死。其五十九条内，有盗窃及蠹害尤甚者，今后量留一十二条，自余四十七条并宜停。"

72. 开元十二年四月敕："比来犯盗，先决 ⑥ 一百，虽非死刑，大半殒毙。言念于此，良用恻然。今后抵罪人，合杖敕杖 ⑦，(3b)并从

---

① 仅包括京师高级部门长官及禁卫长官。

② **送问**。笔者对该句从句的具体意思不是很不明确。

③ **以常法外**。笔者将"以常法外"这一表述译为"通常法律规定以外的情形"，该词也可表示为"和通常的法律规定相互冲突的"。笔者在前述两种译法中选择了前者，第一种译法和后一项诏令中的"别令于律外"表述相互联系，符合上下文关系。但《新唐书》8a 处（本书第 160 页）有关该项诏令的记载中却没有"别令于律外"的表述，参见后注 ⑤。

④ **先**。该表述表明，在应罚的刑罚（大约是绞刑或流刑）前，先决杖一百。但是依据《新唐书》8a 处记载，实践中并不存在这种刑罚。参见后文 72 处、75 处的阐述。

⑤ **别令于律外**。该表述中的"令"从立法技术角度而言，并不具有"律令格式"四种法律形式中的"令"的意义，文中的"令"只是对律以外的规定的一种统称，参见本书第 160 页注释 ②。

⑥ 参见前注 ④。

⑦ **敕杖**。有关敕杖概念，参见本书第 200 页注释 ⑦。

215 宽,决杖六十,一房家口,移隶碛西①。其岭南人移隶安南,江淮人移
隶广府,剑南人移隶姚嶲州,其碛西、姚嶲、安南人,各依例程。"

73. 天宝元年二月二十一日敕:"官吏准律应枉法赃十五匹合绞
者,自今已后,特宜加至二十四。仍即编诸律②,着为不刊。"

74. 四年八月十二日敕:"刑之所设,将以闲邪,法不在严,贵
于知禁。今后应犯徒罪者,并量事宜,配于诸军效力。"

75. 贞元八年十一月敕③:"比来所司断罪,拘守科条,(4a)或至
死刑,犹先决杖。处之极法,更此伤残,恻隐之怀,实所不忍。自
今已后,罪之死者,先决杖宜停。"

76. 十三年四月敕:"农事方兴,时雨犹少,言念囚系,虑有滞冤。
216 京城百司及畿内④,有禁囚李士政等六人,合处极法,宜从宽典,各
决四十,配流诸州。其余禁系者,委御史台与诸司计会。敕到后五
日内,疏理讫闻奏。"

77. 元和四年二月敕:"自今已后,在京诸司应决死囚,不承正
敕⑤,并不得行决。如事迹凶险,须速决遣,并有特敕处分者,亦宜

---

① 该命令和后续命令中有关流刑的记载,其与前述命令的相互关系如何,笔者并
不明确。

② 依据现有的《唐律疏议》来看,第一百三十八条(卷十一,第六条)中的绞刑应
是针对枉法赃十五匹的最高刑罚这一《唐律疏议》版本应出自公元 653 年。但目前对
现有《唐律疏议》文本时间仍然存在争论,因此,前述内容或许暗示,目前所得的《唐律
疏议》文本事实上应当源于公元 742 年,即,目前的《唐律疏议》文本的产生时间要早
于文中敕诏的颁布时间。

③ 参见本书第 164 页《新唐书》9b 处记载。《唐大诏令集》82/11a 处亦载有该项
敕诏。

④ 主要指府下属的县,参见本书卷三"索引和列表"中唐代机构与官职名目录"县"。

⑤ 参见本书第 96 页、第 97 页及该页注释④。此外亦可参见前文第 148 页《新
唐书》3b 处记载。

令一度覆奏。"时，(4b)右街功德使吐突承璀牒京兆府，称奉敕令杖死杀人僧惠寂，府司都不覆奏，故有是诏。

78.八年九月诏书："减死戍边，前代美政，量其远近，宜有便宜。自今已后，两京及关内、河南、河东、河北、淮南、山南东西两道，州府犯罪系囚，除大逆及手杀人外，其余应入死罪，并免死配流天德 ① 五城诸镇。有妻儿者，亦任自随。又缘顷年已来，所有配隶，或非重辟，便至远迁 ②，有司上陈，又烦 ③ 年限，今后如有轻犯，更不得配流五城。"

79.开成四年五月敕："京城百司及府县禁囚，动经岁月，推鞫未毕。其有绝小事者，经数个月不速穷诘，延至暑时。盖由官吏因循，致兹留狱。(5a)炎蒸在候，冤滞难堪。宜付御史台委裴元裕选强明御史三两人，各本司分阅文按，据理疏决闻奏。如官吏稽慢，亦具名衔闻奏。"

80.其年十月敕："自今已后，将敕决死囚不令覆奏者，有司亦须准故事覆奏 ④。"

81.太和二年二月，刑部奏："伏准今年正月三日制，刑狱之内，官吏用情，推断不平，因成冤滥者，无问有赃无赃，并不在原免之限。又准律文，出入人罪，合当坐者，不言有赃无赃 ⑤，今请准律科本罪，

217

218

---

① 目前的绥远地界曾在唐代驻军（天德军。——译者）。参见前文第 168 页。

② 根据《唐律疏议》的规定，流刑依据流放距离的远近可分为三个等级。参见《旧唐书》5a 处（本书第 85 页）、《旧唐书》9a 处（本书第 98 页）及《新唐书》5b 处（本书第 155 页）有关公元 640 年的敕诏内容。

③ 烦。该句意义笔者不甚明确。

④ 参见本书第 97 页注释 ④。

⑤ 《唐律疏议》第四百八十七条（第三十章，第五条）。参见前文第 94 页注释 ④。

不得原免。"敕旨依。

82.（5b）三年三月敕："京畿之内①，万类聚居，触刑章者，多于天下，加以百役牵应，由斯致咎，若一一不恕，则杀戮滋多。应京畿内见禁囚犯，死者降一等；从流当徒者，以远近节级递减一等处分②。"

83.四年四月敕："法寺用法，或持巧诈，分律两端，遂成其罪。既奸吏得计，则黎庶何安？今后宜令每书罪定刑，但直指其事，不得舞文，妄有援引。仍须颁示天下长吏，严加觉察，不得辄用奸吏，如有此色，当即停解。"

84.八年四月敕："朕比属暇日，周览国史，（6a）伏睹太宗因阅明堂孔穴图，见五脏之系咸附于背，乃制决罪人不得鞭背。且人之有生，系于脏腑，针灸失所，尚致夭伤，鞭扑苟施，能无枉横？况五刑之内，笞最为轻，岂可以至轻之刑而或致之死③？朕恭承丕业，思奉贻谋，言念于兹，载怀恻隐。其天下州府应犯轻罪人，除罪状巨蠹法所难原者，其它过误罪愆及寻常公事违犯，并宜准贞观四年十一月十七日④制处分，不得鞭背。今年以后，每立夏至秋已前，犯罪人就州府常条之中，亦宜量与矜减，仍速为疏理，不得久令禁系。

---

①　**京畿之内**。参见卷三"索引和列表"中唐代机构与官职名目录"县"。

②　根据《唐律疏议》的规定，减等时将流刑中每三级设为一等。上文中的敕诏与律法中有关流刑内部的减刑规定相比，有所不同，文中的敕诏引入了流刑距离远近的概念。当然，目前文中诏令的记载和律法明确规定的距离远近的等级仍有所混淆，参见《唐会要》72处、78处内容。

③　参见本书第147页《新唐书》3a处的相同表述。

④　参见本书第147页《新唐书》3a处记载。

仍并委御史台切加纠察，(6b)永为常式。"

85. 咸通十四年五月敕："慎恤刑狱①，大易格言。语曰："如得 220
其情，则哀矜而勿喜，而狱吏苛刻，务在舞文；守臣因循，罕闻亲事。
以此械系之辈，溢于狴牢，逮捕之徒，繁于简牍，实伤和气，用致沴
氛。况时属歊蒸，化先茂育，宜覃赦宥，以顺生成。其诸州府罪人，
并委本道十日内速理。或信任人吏，生情系留，观察使、判官、州
府本曹官，必加惩谴。"

86. 光化元年八月二十七日敕："近日用刑，皆隳旧例，多黩斧
锧，鲜行鞭笞。今后应天下州县科断罪人，切须明于格律，(7a)不
得以军法戮人。"

（四）卷四十《臣下守法②》* 　　221

87. 武德四年，王世充、窦建德平，大赦天下，既而责其党与，
并令迁配。治书侍御史孙伏伽上表谏曰："今月十三日，发云雨之
制，既云常赦不免，皆赦除之，非直赦其有罪，亦是与天下以更新。
因何世充、建德部下，赦后又欲迁之？此是陛下自违本心。欲遣下

---

①　**慎恤刑狱**。"慎恤"两字亦是该卷标题内容，参见本书第 211 页注释 ①。

②　**臣下守法**。笔者将"守法"译为法的遵守（法的保障），原文中多次出现"守法"
概念。"守法"指对法的支持，对维持法律规范（法秩序）的赞成（与任意专断措施相对），
主张合法性，赞成通过司法途径解决案件（与案件通过行政途径解决相对）。参见本书
第 66 页、第 67 页、第 68 页以下。

*　本卷参考：("历代会要丛书")《唐会要》(上)，[宋] 王溥著，上海古籍出版社
2006 年版，第 844—850 页。——译者

人，若何取法？如臣愚见，经赦合免责罚，诸欲迁配者，请并放之，则天下幸甚。"

88. 贞观元年，太宗务正奸吏，乃遣人以财物试之，(7b)有司门令史受馈绢一匹。上怒，将杀之，民部尚书裴矩谏曰："此人受赂，诚合重诛，但陛下以物试之，即行极法，所谓陷人于罪，恐非道德齐礼之义①。"上纳其言，谓百寮曰："矩能廷折，不肯面从②，每事如此，天下何忧不理。"

89. 其年，温州司户参军柳雄于隋资妄加阶级，人有言之者。上令其自首，若不首，与尔死罪。固言是真，竟不肯首。大理推得其伪，将处雄死罪。少卿戴胄奏："据法止合徒。"(8a)上曰："我已与其断，当与死罪。"胄曰："陛下既不即杀，付臣法司，罪不至死，不可酷滥。"上作色遣杀，胄言之不已，至四五，然后赦之。仍谓之曰："曹司但能为我如此守法，岂畏滥有诛夷也。"

90. 七年，贝州鄃县令裴仁轨私役门夫，上欲斩之。殿中侍御史李干佑奏曰："法令者，陛下制之于上，率土遵之于下，与天下共之，非陛下独有也。仁轨犯轻罪而致极刑，便乖画一之理③。臣忝宪司，不敢奉制。"

91. 十四年，尚书左丞韦惊勾司农木橦七十价，百姓者四十

---

① **道德齐礼**。参见《论语》："道(＝导)之以德，齐之以礼，有耻且格。"理雅各在《中国经典》卷一第146页将之译为："If they(the people)be led by virtue, and uniformity sought to be given them by rules of propriety, they will have the sense of shame, and moreover will become good"。

② **能廷折，不肯面从**。参见《书经》："汝无面从，退有后言。"理雅各将之译为："Do not follow me to my face, and when you have retired, have other remarks to make"。

③ **便乖画一之理**。即同罪同罚。

价，奏其干没。上责有司，召大理卿孙伏伽亟书司农罪。伏伽曰：
"司农无罪。"上惊问之，(8b)伏伽曰："只为官木橦贵，所以百姓
者贱，向使官木橦贱，百姓无由贱矣。但见司农不识大体，不知其
过也 ①。"上乃悟，顾谓韦惊曰："卿识用不逮伏伽远矣。"遂罢司农
罪焉。

92. 永徽元年正月，有洛阳人李宏泰诬告太尉长孙无忌 ② 谋反，
上令不待时而斩之 ③。侍中于志宁上疏谏曰："陛下情笃功臣，恩隆 224
右戚，以无忌横遭诬告，事并是虚，故戮告人，以明赏罚。窃据左
传声子曰 ④：赏以春夏，刑以秋冬，顺天时也。又按礼记月令曰：孟
春之月，无杀昆虫。省图圄，去桎梏，无肆掠，止狱讼 ⑤。又汉书董
仲舒曰 ⑥：王者(9a)欲有所为，宜求其端于天。天道之大者，在于阴

① 笔者对该案件的意义及孙伏伽论辩的意义不甚明确。
② 参见本书第 188 页注释 ①。
③ 仅能在秋冬行斩刑。
④ 参见理雅各《中国经典》卷五第 521 页及第 526b 页记载："They rewarded in
spring and summer；they punished in autumn and winter"。
⑤ **孟春之月，无杀昆虫。省图圄，去桎梏，无肆掠，止狱讼**。该引注并不准确。
《礼记》卷二 5/1a 处《月令》载："孟春之月，睢营室"(有误，应为：孟春之月，日在营
室。——译者)。理雅各在《东方圣书》卷二十七第 349 页将之译为 "In the first month
of spring, the sun is in Shih..."。同书 5/3b 处第 256 页将 "毋杀孩虫" 译为 "Unformed
insects should not be killed"。同书 5/4a 处第 257 页将 "仲春之月，日在奎" 译为 "In the
second month of spring, the sun is in Khwei..."。最后，同书 5/4b 处第 259 页将 "命
有司省图圄，去桎梏，毋肆掠，止狱讼"(有误，应为：命有司，省图圄，去桎梏，毋肆
掠，止狱讼。——译者)译为 "Orders are given to the(proper)officers to examine the
prisons；to remove falters and handcuffs；that there shall be not unregulated infliction of
the bastinade；and that efforts shall be made to stop criminal actions and litigations"。
⑥ 后文逐字引自董仲舒上书内容，董仲舒是汉代大臣和学者。董氏上书内容刊
印于《前汉书》卷五十六并由 W. Seufert 译为 "Urkunden zur staatlichen Neuordnung
unter der Han Dynastie"，参见 1922 年出版的《柏林东方语言研讨会报告集》第 17
页以下(Mitteilung des Seminars für Orientalische Sprachen zu Berlin, Jg. 23—25, 1.

225　阳。阳为德，阴为刑，刑主杀，而德主生。阳常居大夏，而以生育

长养为事；阴常居大冬，而积于空虚不用之处。以此见天之任德不

任刑也。伏惟陛下暂回圣虑，察古之言，傥蒙垂纳，则生灵幸甚。"

疏奏，从之。

226　　　93. 上元三年九月七日，左威大将军权善才、右监门中郎将范怀

义并为斫昭陵柏木，大理奏，以官减死，并除名，上特令杀之。(9b)大

理丞狄仁杰执奏，称不当死。上引入，谓曰："善才斫陵上柏，是我不

孝，必须杀之。"仁杰又执奏，上作色令出，仁杰进曰："臣闻逆龙鳞 ①，

忤人主，自古为难，臣愚以为不然。居桀纣 ② 时则难，居尧舜时则易。

Abt. Ostasiatische Studien, Berlin 1922, S. 17ff.），以及另两部上书和武帝发起的诏书。
Seufert 将董仲舒的上述内容翻译如下："Wenn also der Herrscher Geltung haben will,
so muss er seinen Ausgangspunkt beim Himmel suchen. Das wesentliche der göttlichen
Ordnung beruht auf dem yin und dem yang. Das yang ist 'die schaffende Kraft', yin
'die zerstörende Kraft'. Die zerstörende Kraft bestimmt das Töten, die schaffende Kraft
betimmt das Erzeugen. Darum hat das yang seinen Ursitz im grossen Sommer und seine
Tätigkeit besteht darin, zu erzeugen, zu nähren, zu unterhalten, zu mehren. Das yin hat
seinen Ursitz im grossem Winter und sammelt im leeren, nicht wirkenden Ort. Daraus
kann man ersehen, dass der Himmel sich auf die schaffende Kraft stützt und nicht auf die
zerstörende Kraft"。

　　首先，Seufert 在翻译时，将"端"字译为"出发点、开端"，该词兼有起点和终点之
义，表示了整个过程。其次，Seufert 对"德""刑"两字的译法更靠近 Franke 的翻译，
Seufert 将"德"和"刑"分别译为"创造、形塑之力"和"摧毁、毁灭之力"，这种译法使
得后续句子的阐释更为清晰明确。笔者认为，Seufert 所译"德主生"中的"生发、生长"
一词在 Seufert 描述"德"时，具有较为优先的位置。而 Seufert 将"刑"译为"摧毁、毁
灭之力"，在此具有特别的意义，该词特指死刑，理由在于，从《唐会要》上下文内容观
察，文中援引内容是对法律内容的描述，因此文中所记载的奏议也应有关法律内容，这
是 Seufert 在翻译时将之联系到死刑的原因所在。

　　①　龙是帝王的象征。

　　②　桀是夏朝（公元前 19 世纪）最后一位以残暴著称的帝王。纣是商朝（公元前
12 世纪）最后一位因残暴臭名昭著的帝王。

臣今幸逢尧舜，不惧比干^①之诛。昔汉文时有盗高庙玉环，张释之^②廷诤，罪止弃市。魏文将徙其人，辛毗引裾而谏，亦见纳用。且明主可以理夺，忠臣不可以威惧。今陛下不纳臣言，臣恐瞑目之后，羞见释之、辛毗于地下也。陛下作法，县之于象魏，徒罪死罪，具有等差，岂有犯罪极轻，即令赐死？法既无常，则百姓何以措手足？陛下必欲变法，请从今日为始。古人^③云："假使盗长陵一抔土，陛下何以加之？"（10a）今陛下以昭陵一株柏杀二军将，千载之后，谓陛下为何如主？此臣所以不敢奉诏杀善才，陷陛下于不道。"上意乃解，谓仁杰曰："既能为善才正我，岂不能为我正天下也！"

94. 神龙元年正月，韦月将上变，告武三思谋逆。中宗大怒，命斩之。大理卿尹思贞以发生之月^④，执奏以为不可行刑，竟决杖流岭南。三思令所由司以非法害之。思贞又固争之。

95. 三年，节愍^⑤之诛，武三思事变之后，其诖误守门者，并配流未行，有韦氏党，密奏请尽诛之。上令鞫断，（10b）大理卿郑惟忠奏曰："今大狱始决，人心未宁，若更改推，必递相惊恐，则反侧之子无由自安。"遂依旧断。

96. 开元二年八月，监察御史蒋挺有犯，敕朝堂杖之。黄门侍郎张廷珪执奏曰："御史，宪司清望，耳目之官，有犯当杀即^⑥杀，当流即流，不可决杖。可杀而不可辱也。"

---

① 比干是纣王的亲戚，由于他批评纣王的暴政而被处以绞刑。

② 张释之是汉文帝时期无惧帝王之威的一位谏臣。

③ 指张释之。

④ 特定时间不得执行死刑，参见《旧唐书》7a 处，本书第 92 页。

⑤ 有关节愍的记载参见《旧唐书》81/3879a 处。

⑥ 这里指没有在杀之前先行杖刑。

97. 十年八月，冀州武强县令裴景仙犯乞取赃[①]积五千匹，事发，上大怒，令集众杀之。大理卿李朝隐奏曰："景仙缘是乞赃，罪不至死。又景仙曾祖，故司空寂[②]。往属缔构，首参元勋。载初年中，家陷非罪，凡其兄弟，皆被诛夷，唯景仙独存，(11a)今见承嫡。据赃未当死坐，准犯犹入议条[③]。十世[④]宥贤，功实宜录；一门绝祀[⑤]，情或可哀。愿宽暴市之刑，俾就投荒之役，则旧勋不弃，平典斯允。"手诏不许。朝隐又奏曰："有断自天，处之极法。生杀之柄，人主合专；轻重有条，臣下当守。枉法者，枉理而取，十五匹便抵死刑[⑥]。乞取者，因乞为赃，数千匹止当流坐[⑦]。若今乞取得罪，便处斩刑，后有枉法当科，欲加何辟？所以为国惜法，期守律文，非取以法随

---

① 《唐律疏议》第一百四十条第二款(卷十一，第八条)。参见后文注释⑥和注释⑦。

② 他的名字在前文第 76 页已经提及。

③ 参见《旧唐书》5a 处(前文第 86 页)。

④ 根据《唐律疏议》第十条及后续条款的规定(卷二，第三条及后续条款)，议的范围没有文中那么宽泛。

⑤ 绝嗣。

⑥ 《唐律疏议》第一百三十八条第一款(卷十一，第六条)。参见后文注释⑦。

⑦ 《唐律疏议》中对贿赂区分为多个种类。首先，根据《唐律疏议》第一百四十条第一款的规定，索贿和受贿相比，刑罚轻一等(此处有误，应为乞取索贿的，加"受所监临"罪一等，即较受贿而言，罪加一等。参见《唐律疏议》第一百四十条第二款：乞取者，加一等；强乞取者，准枉法论。——译者)。其次，根据《唐律疏议》第一百三十八条第二款的规定，官员接受贿赂，但未枉法的，将根据受贿财物价值，判处最低刑杖九十，倘若收受财物价值达到丝绸三十匹的，则将被判处最高刑加处流。再次，根据《唐律疏议》第一百三十八条第一款的规定，受贿官员同时枉法的，那么所判处的最低刑罚为杖一百，倘若受贿财物价值达到丝绸十五匹的，则将被判处最高刑绞刑。因此，索贿的最高刑，即流刑，较绞刑罪轻一等(此处有误，应为受贿未枉法的最高刑，即流刑，和受贿枉法的最高刑绞刑相比，罪轻一等。——译者)。

人，曲矜仙命。射兔魏苑，惊马汉桥，初震皇赫，竟从廷议 ①，岂威
不能制，而法贵有常。又景仙曾祖寂，定为元勋，恩倍常数。(11b)
若寂勋都弃，仙罪特加，则叔向 ② 之贤何足称者，若敖之鬼不其馁　231
而 ③？舍罪念功，乞垂天听。"遂决杖一百，配流。

98. 元和三年三月，御史中丞卢坦奏："前山南西道节度使柳晟
授任方隅，所寄尤重，至于赦令，理合遵行。一时归朝，固违明旨，
复修贡赋，有紊典章，伏请付法。"又奏："前浙东观察使阎济美到
城亦有进献。当时勘者称离越州后，方见赦文，道路已遥，付纳无
处，既经恩赦，须为商量。将诚来者之心，必举赎刑之典，已书罚讫。
伏准今年正月制，自今已后，诸道长吏，有离任赴阙廷者，并不得
取本道财物妄称进奉，苟有违越，必举宪章。柳晟等既违新令，不
敢不奏。"上曰："山南所进与柳晟并不相关，先释放讫。阎济美制
书颁下之时，寻离本道。身已在近，物须有归。以此奏请进纳，非
赦文所革之意，其罚亦宜释放。"坦既奏晟济美二人皆当罪，上召坦
等褒慰久之曰："晟等所献皆是家财，朕已许原，不可失信。"坦奏曰：
"赦令，陛下之大信也，天下皆知之。今二臣违令，是不畏法。陛下
奈何受小利而失大信乎？"上曰："朕已受之如何？"坦曰："归之有
司，不入内藏，使四方知之，以昭圣德。"上嘉纳之。

六年九月，富平县人梁悦为父报雠杀人，自投县请罪。敕："复
雠杀人，固有彝典；以其申冤请罪，视死如归，自诣公门，发于天性，
志在殉节，本无求生，宁失不经，特减死。宜决一百，配流循州。"

---

① 历史上的两桩刑案。参见程树德：《九朝律考》，第一卷，第 249 页。
② 春秋时期的有功之臣。
③ 引自《左传》，参见理雅各：《中国经典》，卷五，第 295 页、第 297a 页。

于是史官职方员外郎韩愈献复雠议曰："伏奉今月五日敕：复雠，据礼经则义不同天，征法令则杀人者死。礼法二事，皆王教大端，有此异同，固宜辨论，宜令都省集议闻奏者。伏以子复父雠，见于春秋，见于礼记，见于周官，见于诸子，史不可胜数，未有非而罪之者也。最宜详于律，而律无其条。非阙文也，盖以为不许复雠，则伤孝子之心，而乖先王之训；许复雠，则人将倚法专杀，无以禁止其端矣。夫律虽本于圣人，然执而行之者，有司也。经之所明者，制有司者也。丁宁其义于经，而深没其文于律者，其意将使法吏一断于法，而经术之士得引经而议也。周官曰："凡杀人而义者，令勿雠，雠之则死。"义，宜也，明杀人而不得其宜者，子得复雠也。如百姓相雠者也。公羊传曰："父不受诛，子复雠可也。"不受诛者，罪不当诛也。诛者，上施于下之辞，非百姓之相杀者也。又周官曰："凡报雠者，书于士，杀之无罪。"言将复雠，必先言于官，则无罪也。今陛下垂意典章，思立定制，惜有司之守，怜孝子之心，示不自专，访议群下。臣愚以为复雠之名虽同，而其事各异。或百姓相雠，如周官所称，可议于今者；或为官吏所诛，如公羊所称，不可行于今者。又周礼所称，将复雠，先告于士则无罪者，若孤稚羸弱，抱微志而伺敌人之便，恐不能自言于官，未可以为断于今也。然则杀之与赦，不可一例。宜定其制曰："凡有复父雠者，事发，具其事申尚书省集议奏闻，酌其宜而处之，则经、律无失其指矣。"（12a—14a）

99. 八年二月，僧鉴虚付京兆府，决重杖一顿处死，仍籍其财产。鉴虚在贞元中，以讲说丐敛，用货利交权贵，恣为奸滥。事发，中外掌权者，欲便保救之。有诏，初命释其罪。时御史中丞薛存诚不受诏。翌日，又宣旨："吾要此僧面诘其事，非赦之也。"存诚又奏曰：

"鉴虚，陛下欲召之，请先贬臣然后取。"上嘉其有守，遂令杖杀之。

　　100. 开成二年八月，上御紫宸殿，召御史中丞狄兼，问李伯展狱如何？兼奏曰："不知陛下疑何事？（14b）李伯展、卢行简及和州 232 知场官卢元度，已结奏讫，并合处极法。臣是法官，只知有法。陛下若欲原宥，特降恩旨即得。"上嘉叹之曰："从前法不一，是向前大臣不守。"

卷三

索引和列表

一、文献目录

（一）西语文献

Balász, *Beiträge zur Wirtschaftsgeschichte der T'ang-Zeit (618—906)*, in: Mitteilungen des Seminars für Orientalische Sprachen, Abt. Ostasiatische Studien, Jahrgang 34—36, Berlin 1931—1933.

E. Biot, *Le Tcheou-Li*, 3 Bände, Paris 1851, Anastatischer Nachdruck Peiping 1940.

J. Bryće, *Studies in History and Jurisprudence*, New York 1901.

Bünger, *Zivil- und Handelsgesetzbuch sowie Wechsel- und Scheckgesetz von China*, Marburg 1934.

— *Das Kapitel über die Gesetzgebung der T'ang Dynastie im T'ung-tien*, in: Sinologische Arbeiten, herausgegeben vom Deutschland-Institut, Peiping, Bd. 3 (1945), S. 152—164.

— *Schiedsgerichte in China*, in: Nussbaum's Internationales Jahrbuch für Schiedsgerichtswesen, Bd. 2 (Berlin 1928), S. 123 ff.

Chavannes, *Les Mémoires Historiques de Se-ma Ts'ien*, 6 Bände, Paris 1895—1901, Anastatischer Nachdruck Peiping o. J.

Escarra, *Le Droit Chinois*, Peiping 1936.

O. Franke, *Geschichte des Chinesischen Reiches*, 3 Bände, Berlin 1930—1937.

— *Studien zur Geschichte des konfuzianischen Dogmas und der chinesischen Staatsreligion*. Hamburg 1920.

Fu Yu-Lan, *A History of Chinese Philosophy*, translated by D. Bodde, Peiping

1937.

Granet, *La pensée Chinoise*, Paris 1934.

Legge, *The Chinese Classics*, Anastatischer Nachdruck（Peiping 1939）von

 Vol. I Confucian Analects etc., 2. Aufl. 1893.

 Vol. II The Works of Mencius, 2. Aufl. 1895.

 Vol. III The Shoo King,（2 Parts）1865.

 Vol. IV The She King,（2 Parts）o. J.

 Vol. V The Ch'un Ts'ew, with the Tso Chuen,（2 Parts）1872.

— *The Li Ki*, Sacred Books of the East, Vols. XXVII und XXVIII, Oxford 1885.

— *The Yi King*, Sacred Books of the East, Vol. XVI, Oxford 1882.

Ou Koei-hing, *La Peine après le Code des T'ang*, Thèse, Université de l'Aurore,

 Shanghai 1935.

Des Rotours, *Le Traité des Examens*, Paris 1932.

— *Les Grands Fonctionnaires des Provinces en Chine sous la Dynastie des

 T'ang*, in: T'oung Pao, Vol. 25,（1928）, p. 219—332.

Seufert, *Urkunden zur staatlichen Neuordnung unter der Han-Dynastie*, in:

 Mitteilungen des Seminars für Orientalische Sprachen, Jahrgang 23/25

 （1922）, S. 1—50.

Teng Ssu-yü and K. Biggerstaff, *An Annotated Bibliography of Selected Chinese

 Reference Works*,（Yenching Journal of Chinese Studies, Monograph No. 12）

 Peiping 1936.

Vogel, *Die historischen Grundlagen des chinesischen Strafrechts*, in: Zeitschrift

 für Vergleichende Rechtswissenschaft, Bd. 40（1922）, S. 37—134.

（二）中文文献

1.《旧唐书》与《新唐书》——新旧《唐书》的两部《刑法志》部分的译本，以五
 洲同文书局印 1739 年（乾隆四年）武英殿本二十四史为准。

2.《前汉书》与《后汉书》。以开明书局版本为准。

3.《通典》。如若未见其他附注，概以 1896 年浙江书局版本为准。

4.《周礼》《易经》《仪礼》《礼记》与《书经》以《四部丛刊》为准。

5.《史记》，以开明书局版本为准。

6. 陈顾远：《中国法制史》，第三版，上海，1940 年。

7.《陈伯玉文集》，见《四部丛刊》。

8. 郑竞毅：《法律大辞书》，三卷本，第三版，上海，1940 年。

9. 程树德：《九朝律考》，两卷本，上海，1934 年。

10.《朱文公校昌黎集》，见《四部丛刊》。

11.《西汉会要》，江苏书局，1884 年。

12.《民商事习惯调查报告录》，两卷本，南京，1930 年。

13.《江苏民商事习惯调查会报告书》，上海，1930 年。

14.《唐会要》，武英殿聚珍版书，1894 年。

15.《唐六典》，广雅书局，1895 年。

16.《唐律疏议》，春钱唐诸可宝书，1891 年。

17.《唐大诏令集》，《适园丛书》集四。

18.《资治通鉴》，见《四部丛刊》。

19.《资治通鉴考异》，见《四部丛刊》。

20. 杨鸿烈：《中国法律发达史》，第三版，上海。

21.《盐铁论》，见《四部丛刊》。

二、唐代帝王年号表

高祖	武德	公元 618 年
太宗	贞观	公元 627 年
高宗	永徽	公元 650 年
	显庆	公元 656 年
	龙朔	公元 661 年
	麟德	公元 664 年
	乾封	公元 666 年
	总章	公元 668 年
	咸亨	公元 670 年
	上元	公元 674 年
	仪凤	公元 676 年
	调露	公元 679 年
	永隆	公元 680 年
	开耀	公元 681 年
	永淳	公元 682 年
	弘道	公元 683 年
睿宗	文明	公元 684 年
武后	光宅	公元 684 年
	垂拱	公元 685 年

	永昌	公元 689 年
	载初	公元 689 年
	天授	公元 690 年
	长寿	公元 692 年
	延载	公元 694 年
	证圣	公元 695 年
	万岁通天	公元 696 年
	神功	公元 697 年
	圣历	公元 698 年
	久视	公元 700 年
	大足	公元 701 年
	长安	公元 701 年
中宗	神龙	公元 705 年
	景龙	公元 707 年
睿宗	景云	公元 710 年
	太极	公元 712 年
玄宗	先天	公元 713 年
	开元	公元 713 年
	天宝	公元 742 年
肃宗	至德	公元 756 年
	乾元	公元 758 年
	上元	公元 760 年
	宝应	公元 762 年
代宗	广德	公元 763 年
	永泰	公元 765 年

	大历	公元 766 年
德宗	建中	公元 780 年
	兴元	公元 784 年
	贞元	公元 785 年
顺宗	永贞	公元 805 年
宪宗	元和	公元 806 年
穆宗	长庆	公元 821 年
敬宗	宝历	公元 825 年
文宗	太和	公元 827 年
	开成	公元 836 年
武宗	会昌	公元 841 年
宣宗	大中	公元 847 年
懿宗	咸通	公元 860 年
僖宗	乾符	公元 874 年
	广明	公元 880 年
	中和	公元 881 年
	光启	公元 885 年
	文德	公元 888 年
昭宗	龙纪	公元 889 年
	大顺	公元 890 年
	景福	公元 892 年
	乾宁	公元 894 年
	光化	公元 898 年
	天復	公元 901 年
昭宣帝	天祐	公元 904 年

三、立法列表

缩写	全称
C	《旧唐书·刑法志》
CB	《旧唐书·经籍志》
D	格
Enc	类书
ES	敕诏汇编
G	律
GB	法典
H	《新唐书·刑法志》
HB	《新唐书·艺文志》
N	中文名
R	式
T	《唐会要》
TLT	《唐六典》

年份		形式	内容	页码
高祖				
公元 617 年	1	令		24，75
	2	法	十二条[①]，限制死刑	24，25，28，75，145，174
公元 618 年	3	格		25，28，39，76，145，174
公元 624 年	4	法典	《武德律》	28，29，79，145，174
公元 624 年	5	律	《武德令》	32
公元 624 年	6	式	《武德式》	35
太宗				
公元 637 年	7	法典	《贞观律》	29，84，89，149，175
公元 637 年	8	律	修订二十七篇，三十卷，一千五百九十条[②]《贞观令》	33，89，149，175
公元 637 年	9	式		35，91，149
公元 637 年	10	格	《贞观格》	23，27，39，40，89，90，149，175
公元 637 年	11	格	《留思格》或《新格》	23，40，90，175
高宗				
公元 651 年	12	法典	《永徽律》	30，98，99，175，176

---

① 《旧唐书》1a 处（本书第 75 页）所载二十条显然刊印有误。

② 《新唐书》4a 处（本书第 149 页）载为一千五百四十六条。

年份		形式	内容	页码
公元 651 年	13	律	《永徽令》	33，98，99，175，176
公元 651 年	14	式	修订十四卷① 《永徽成式》或《永徽式》	36，91，98，99，175，176
公元 651 年	15	格	(1)《永徽散颁天下格》或《散颁格》	27，40，90，99，157，175，176
公元 651 年	16	格	(2)《留本司行格》或《留司格》	27，40，90，99，157，175，176
公元 653 年	17	法典	《律疏》，后为《唐律疏议》	26，27，30，59，99，100，157，176
公元 662/5 年	18	式		36，101，102，176
公元 662/5 年	19	式	《永徽中式本》或《永徽式本》	
公元 662/5 年	20	格	(1)《永徽留本司行格中本》 (2)《永徽天下散行格中本》	40，41，101，102，157，176
公元 676/7 年	21	式		36，102，176，177
公元 676/7 年	22	格	《永徽留本司格后》或《永徽留司格后本》或《永徽留本司格后本》	36，40，41，91，102，157，176，177

武后

| 公元 685 年 | 23 | 法典 | | 30，105 |

---

① 《唐会要》5 处(本书第 176 页)所载四十卷显然是一处刊印错误。

年份		形式	内容	页码
公元 685 年	24	式	《垂拱式》	36，91，105，177，178
		格		
公元 685 年	25	格	(1)《新格》或《垂拱格》	41，42，53，105，157，177，178
公元 685 年	26	格	(2)《留司格》或《垂拱留司格》	42，91，105，157，178
公元 685 年	27	格	(3)《散颁格》	42，91
公元 685 年	28	格	(4)《垂拱格》[①]	42
中宗				
公元 705/6 年	29	式	《删垂拱式》	36，91，122，178
公元 705/6 年	30	格		178
公元 705/6 年	31	格	《散颁格》或《删垂拱散颁格》	41，42，121，122，157，158
公元 707 年	32	式		36，178
公元 707 年	33	格		178
睿宗				
公元 710/2 年	34	格	《太极格》	41，42，91，122，157，178，179
玄宗				
公元 715 年	35	律	《开元令》	33，122，179
公元 715 年	36	式	《开元式》	36，91，122，179

---

① 对该部格之认定识别，笔者并不确定。

年份		形式	内容	页码
公元 715 年	37	格	十卷① 《开元格》，后为《开元前格》	41，42，91，122，158，179
公元 718/9 年	38	律，式		36，122，123，179
公元 718/9 年	39	格	《开元后格》十章②（《旧唐书·刑法志》6b、19a；《新唐书·刑法志》7a；③《唐会要》14；《旧唐书·经籍志》《新唐书·艺文志》）	42，91，122，123，158，179
公元 731 年	40	敕诏汇编	《格后长行敕》	43，123，179，180
公元 734/7 年	41	法典		26，30，123，124，180
公元 734/7 年	42	律		33，123，124，180
公元 734/7 年	43	式		36，123，124，180
公元 734/7 年	44	格	《新开元格》或《开元新格》	42，123，124，158，180
公元 734/7 年	45	类书	《格式律令事类》	44，60，124，180
德宗				
公元 779 年	46	法典，律，式，格		129

---

① 《唐会要》第 13 处（本书第 179 页）记载为六卷。
② 《新唐书·艺文志》称九章。
③ 该项时间记载《新唐书》7a 处（本书第 158 页）有误。

年份		形式	内容	页码
公元 785 年	47	敕诏汇编	《贞元格后敕》	43, 158, 180, 181

宪宗

公元 807 年	48	敕诏汇编	《开元格后敕》①	43, 158, 181
公元 815 年	49	敕诏汇编		43, 181, 182
公元 818 年	50	敕诏汇编	《格后敕》②	43, 134, 135, 182

穆宗

公元 823 年	51	格		182

文宗

公元 823 年	52	敕诏汇编		43, 138, 186, 187
公元 833 年	53	敕诏汇编	《格后敕》或《太和格后敕》	43, 138, 159
公元 833 年	54	敕诏汇编	《新唐书·艺文志》在提到五十卷的格后敕之外,还提到四十卷的《太和格后敕》③	43

---

① 《新唐书·艺文志》提到一项元和格后敕,三十卷,可能和文中提到的敕诏是同一部。

② 依据《新唐书·艺文志》,其名称是元和删定制敕。

③ 这两部敕之间的关系为何,笔者并不确定。

年份		形式	内容	页码
公元 836/8 年	55	格	《开成详定格》	27，43，159，183，184
公元 839 年	56	格	《刑法格》	43，139
宣宗				
公元 851 年	57	类书	《大中刑法总要格后敕》①	44，139，184
公元 853 年	58	类书	《大中刑律统类》或《大中刑法统类》	44，140，159，184，185

---

① 《唐会要》25 处篇名有误。参见本书第 184 页注释 ②。

四、敕诏、奏议和法律商议列表

C =《旧唐书》卷五十及以下

E = 敕诏

H =《新唐书》卷五十六及以下

T =《唐会要》

Th = 奏议

年份	类型	内容	页码
公元 621 年	敕诏	大赦。 (《新唐书》2a—b)	145
公元 621 年	奏议	反对大赦后又欲迁之。 (《唐会要》87)	70, 71, 221
公元 624 年	敕诏	对偶尔公布的律法进行历史 法政治性的论述。 (《旧唐书》2a—3b)	77—79
公元 627 年	敕诏	谋大逆,兄弟连坐。 (《旧唐书》4a—b,《新唐书》3b,《唐会要》36)	29, 31, 82—84, 191
公元 627 年	敕诏, 奏议	免死而断趾,重加删定,加 役流。 (《旧唐书》3a—4a,《新唐书》2b—3a,《唐会要》36)	29, 49, 79—81, 146, 147, 191

年份	类型	内容	页码
公元 628①年	奏议，敕诏	委诸曹司，置所要律令格式。（《唐会要》30）	185，186
约公元 628 年	敕诏	京师之囚，刑部月一奏。（《旧唐书》7a，《新唐书》4a）	92，150
公元 629 年	敕诏	死罪，中书、门下五品以上及尚书评议之。（《旧唐书》7b，《新唐书》5a,《唐会要》64）	31，95，154，211，212
公元 629 年	敕诏	三品已上犯罪，不须将身过朝堂听进止。（《唐会要》65）	212
公元 630 年	敕诏	决罪人不得鞭背。（《新唐书》3a,《唐会要》66）	14，15，147，213
约公元 630 年	敕诏	凡决死囚，虽令即杀，仍三复奏。（《旧唐书》8a）	96
公元 631 年	敕诏	死刑虽令即决，仍三复奏，在京五复奏；决日亦蔬食，合礼撤乐；自今以后，其犯极刑，宜令本司，依旧三复。（《旧唐书》8a—b,《新唐书》3a—b,《唐会要》66，68）	31，96，97，147，148，213

---

① 笔者推测此处时间有误，正确应为公元 786 年，参见本书第 185 页注释 ⑤。

年份	类型	内容	页码
约公元 631 年	敕诏	谋逆，兄弟连坐，祖孙配没。（《旧唐书》4a—b，《新唐书》3a—b）	82—84，148，149
公元 634 年	敕诏	三品已上，犯公罪流，私罪徒，送问皆不追身。（《唐会要》70）	213，214
公元 637 年		法官以失出为诫，有失入者，又不加罪；失于出入者，各依律文。（《旧唐书》8b—9a，《新唐书》5b，《唐会要》36）	98，154，155
公元 640 年	敕诏	流罪无远近皆徙边要州。（《旧唐书》9a，《新唐书》5b）	98，155
公元 642 年	敕诏	今后自害之人，据法加罪，仍从赋役。（《唐会要》37）	191，192
公元 647 年	奏议	谋反大逆，父子兄弟皆连坐。（《唐会要》39）	193，194
公元 652 年	敕诏	广召解律人条义疏奏闻，参撰《律疏》。（《旧唐书》9b）	99，100，157，176
公元 654 年		上与侍臣议刑法枉滥。（《旧唐书》10a）	100，101
公元 655 年		律通比附。（《旧唐书》10a—b）	101

年份	类型	内容	页码
公元 669 年	敕诏	决杖既多，或至于死，今后量留一十二条。《新唐书》8a，《唐会要》71	71，160，214
公元 674 年	敕诏	其犯极刑，宜令本司，依旧三复。（《唐会要》67）	213
公元 684 年	敕诏	仍以当司格令书于厅事之壁。（《唐会要》28）	185
约公元 686 年		熔铜为匦，四面置门，各依方色，共为一室。（《旧唐书》11a—b）	104
约公元 692 年	奏议	陈子昂上书切谏。（《旧唐书》13a—17a，《新唐书》8b）	13，51，162，108—118
公元 692 年	奏议	魏靖上言。（《旧唐书》17a—18a）	13，119，120
公元 701 年	敕诏	法司及推事敢多作辩状而加语者，以故论。（《新唐书》8b—9a）	15，162
公元 702 年	奏议	周矩上疏。（《新唐书》8b）	161，162
公元 705 年	奏议	（赵冬曦上书）律令格式复更刊定其科条。（《唐会要》41）	45，196，197
公元 709 年	敕诏	应酬功赏，须依格式，格式无文，然始比例。（《唐会要》27）	45，46，185

年份	类型	内容	页码
公元 724 年	敕诏	今后抵罪人，合杖敕杖，并从宽。 （《唐会要》72）	31，71，214
公元 726 年	敕诏	如闻用例破敕及令式，深非道理，自今以后，不得更然。 （《唐会要》29）	45，185，186
公元 731 年	奏议	格后制敕行用之后，与格文相违。 （《唐会要》15）	179
公元 737 年	奏议	今年五月三十日前敕，不入新格式者，并望不任行用限。 （《唐会要》17）	46，54，180
公元 737 年	奏议	刑部所断天下死罪五十八人，往时大理狱，相传鸟雀不栖，至是有鹊巢其庭树，群臣称贺，以为几致刑错。（《旧唐书》20a，《新唐书》9a）	124，125，163
公元 742 年	敕诏	官吏准律应枉法赃十五匹合绞者。自今已后。特宜加至二十四。 （《唐会要》73）	31，215
公元 745 年	敕诏	今后应犯徒罪者。并量事宜。配于诸军效力。 （《唐会要》74）	15，31，164，215
公元 747 年	敕诏	自今已后，所断绞斩刑者，宜削除此条，仍令法官约近例详定处分。 （《唐会要》43）	31，198

年份	类型	内容	页码
公元 759 年	奏议，敕诏	谨按五刑，笞、杖、徒、流、死是也。今准敕，除削绞死，唯有四刑。每定罪，须降死刑，不免还计斩绞。敕、律互用，法理难明。又应决重杖之人，令式先无分析，京城知是蠹害，决者多死，外州见流岭南，决不至死。决有两种，法开二门。（《唐会要》45）	49，199
公元 759 年	奏议	今法官商量，……刑名更无可移者，谓同狱成。臣今与法官审加详议，将为稳便，如天恩允许，仍永为常式。（《唐会要》44）	198，199
公元 762 年	奏议，敕诏	刑部、大理奏：准式。制敕处分与一顿杖者，决四十；至到与一顿，及重杖一顿，并决六十；无文至死者，为准式处分。又制敕或有令决痛杖一顿者，式文既不载杖数，请准至到与一顿决六十，并不至死。（《新唐书》10b，《唐会要》46）	71，166，200
公元 779 年	敕诏	诏天下流降人等一切放归。（《旧唐书》22a）	129

年份	类型	内容	页码
公元 781 年	敕诏	罢删定格令使并三司使。 （《旧唐书》22b）	129
公元 782 年	奏议， 敕诏	并请决重杖一顿处死。 （《新唐书》10b，《唐会要》 47）	31，71，167，201
公元 792 年	敕诏	自今已后，罪之死者先决杖 宜停。 （《唐会要》75）	215
公元 797 年	敕诏	十三年四月敕。农事方兴。 时雨犹少。 （《唐会要》76）	215，216
公元 807 年	敕诏	刑部奏改律卷第八为斗竞。 （《唐会要》20）	181
公元 809 年	敕诏	自今已后，在京诸司，应决 死囚，不承正敕，并不得行 决。如事迹凶险，须速决遣， 并有特敕处分者，亦宜令一 度覆奏。 （《唐会要》77）	216
公元 809 年	敕诏	刑部大理决断系囚，过为淹 迟，是长奸幸。自今已后， 大理寺检断，不得过二十日， 刑部覆下，不得过十日。如 刑部覆有异同，寺司重加不 得过十五日，省司量覆不得 过七日。 《旧唐书》22b—23a	31，130

年份	类型	内容	页码
约公元 811 年	奏议	韩愈献议（礼法二事）。 （《旧唐书》23a—24a）	131/4
公元 813 年	敕诏	减死戍边。 （《新唐书》11a，《唐会要》78）	31，168，216
公元 815 年	奏议，敕诏	刑部尚书权德舆奏（臣请与本司侍郎郎官参详错综，同编入本，续具闻奏，庶人知守法，吏绝舞文）。 （《唐会要》21）	181
公元 821 年	奏议	御史中丞牛僧孺奏："天下刑狱，苦于淹滞，请立程限。" （《旧唐书》24b）	135
约公元 822 年	敕诏	设"参酌院"，后罢参酌之名。 （《新唐书》11b）	15，71，169
公元 828 年	奏议	刑狱之内，官吏用情，推断不平，因成冤滥者，无问有赃无赃，并不在原免之限。又准律文，出入人罪，合当坐者，不言有赃无赃，今请准律科本罪，不得原免。 （《唐会要》81）	218
公元 829 年	奏议	京畿之内，万类聚居，触刑章者，多于天下……应京畿内见禁囚犯，死者降一等；从流当徙者，以远近节级递减一等处分。 （《唐会要》82）	218

年份	类型	内容	页码
公元 830 年	奏议	从今已后，刑部、大理寺详断刑狱，一切取最后敕为定。（《唐会要》32）	186, 187
公元 830 年	奏议	奏议亲议贵事。（《唐会要》52）	202/5
公元 830 年	敕诏	法寺用法，或持巧诈，分律两端，遂成其罪。既奸吏得计，则黎庶何安？今后宜令每书罪定刑，但直指其事，不得舞文，妄有援引。仍须颁示天下长吏，严加觉察，不得辄用奸吏，如有此色，当即停解。（《唐会要》83）	45, 218, 219
公元 834 年	敕诏	其天下州府应犯轻罪人，除罪状巨蠹法所难原者，其它过误罪愆及寻常公事违犯，并宜准贞观四年十一月十七日制处分，不得鞭背。（《旧唐书》25b，《唐会要》84）	138, 219
约公元 834 年	奏议	京师浩穰，奸豪所聚。终日惩罚，抵犯犹多，小有宽容，即难禁戢。若恭守敕旨，则无以肃清；若临事用刑，则有违诏命。（《旧唐书》25b—26a）	139

年份	类型	内容	页码
公元 836 年	奏议，敕诏	重修格式。（《唐会要》24）	183，184
公元 838 年	奏议，敕诏	今请监临、主守将官物私自贷用，并借贷人及百端欺诈等，不在赦限；如将官物还充公用，文记分明者，并请原免。（《唐会要》54）	205
公元 839 年	敕诏	京城百司及府县禁囚，动经岁月，推鞫未毕。其有绝小事者，经数个月不速穷诘，延至暑时。盖由官吏因循，致兹留狱。炎蒸在候，冤滞难堪。（《唐会要》79）	31，217
公元 839 年	敕诏	将敕决死囚不令覆奏者，有司亦须准故事覆奏。（《唐会要》80）	217
公元 841 年	奏议	犯赃官五品以上，合抵死刑，请准狱官令赐死于家者。（《旧唐书》26a，《唐会要》33）	139，187
公元 842 年	敕诏，奏议	自今已后，窃盗计赃至钱一贯以上，处极法。抵犯者便准法处分，法归画一。（《唐会要》55）	206
公元 845 年	敕诏	据律，已去任者，公罪流已下勿论。（《唐会要》57）	208

年份	类型	内容	页码
公元 850 年	敕诏	每有盗贼赃满绢三匹已上，决杀；如赃数不充，量情科处。 (《新唐书》12a—b,《唐会要》58，59)	172，209
公元 851 年	敕诏	今后有官典犯赃及诸色取受，但是全未发觉已前，能经陈首，即准律文与减等。 (《唐会要》60)	209
公元 863 年	敕诏	咸通十四年五月敕。 (《唐会要》85)	220
公元 877 年	敕诏	吏所犯诸罪，五年之后，去任勿留。 (《唐会要》61)	31，210
公元 898 年	敕诏	切须明于格律，不得以军法戮人。 (《唐会要》86)	220

五、唐代机构与官职名目录

引　　言

　　下文中德语的唐代机构官职名称目录理应对应相应的中文表述，但由于客观原因，笔者有些略作调整。

　　起初，笔者只想按照汉学翻译的惯常做法，仅按照发音规则重现那些频繁出现的官职名称，而不另作翻译。但这种做法或许是有缺陷的，因为倘若读者阅读经过翻译的官职名称，在初次阅读时就会对中国古代的法有所启示：中国古代，所有的大臣都参与了立法和司法进程，即使是那些依照欧洲观点不应参与这些活动的大臣也不例外。这意味着，在中国，官僚阶层普遍地参与了法的事务进程，这和其他国家法的独立性（孤立性）相比，区别很大。

　　下文中的机构官职表格并不完整。有些较为特殊的大臣，包括那些官职较高的大臣，并未纳入后附官职表格。笔者对这种"美中不足"的做法有自己的考虑：对这些特殊官员的完整阐述在本书而言，并不必要，因为笔者并不以提供唐代官职体系这一特定工作为工作目的。相应的，后表也忽略了那些职位卑微的官职名称，如各府人员。总体而言，后表记载的官职仅至六品。

在唐代，机构内设的一些官署也有所调整。并且，在不同时期，不同机构不再独立而转由其他机构履行职能。这些机构的调整或（功能）置换没有标注在下表中。后附官职表主要依据《唐六典》的内容进行记载，这意味着下表所反应的官职名称大致为公元738年的状况。

同样，与每一时期和史料来源对应的中文官职名称和机构名称反应在下表中，但是唐代变化多样的官职替代变化形式在后表没有进行记载。倘若笔者连同这些记载也记录在后表中，将耗费大量时间精力，而且官职机构表的规模也将更为浩大。

笔者在甄选唐代机构名称的相应德文翻译时，并未考虑机构的中文字面意义①。笔者更多的是试图找到能够大致反映机构特定职能的相应翻译。当然，在进行这种以功能为准的较为粗略的翻译工作时，不同的人或许会作不同的翻译。此外，还需提及，在事实上，唐代的机构的功能和机构的名称往往存在"名不副实"的现象，原因在于，唐代的机构名称常沿袭传统之制，而官职名称也仅是名誉之职，徒有其表而已。

此外，笔者在甄选唐代官职名称的德文翻译时，也未固守中文字面意义。笔者认为，如何在翻译时能让读者一眼看出该官员在机构中所处的具体官阶才是最重要的。因此，笔者在进行翻译时也依照了如下程序：唐代机构中的主管一般译为"Präsident"，位居其次的则译为"Vizepräsident"，其后依次为"Staatssekretär"以及"Unterstaatssekretäre"。但是"（六）部"仅下设各部门，且各部门的独立性相对较强，因此笔者在此处稍作例外，这些部门笔者选择了

---

① 和唐代机构名称字面意义逐字对应的译本请参见：A. Pfizmaier, Darlegung der Chinesischen Ämter, Wien, Akademie der Wissenschaften, 1879。

Ministerium（部），而其中的官员则相应的称之为 Minister（尚书）、Vizeminister（侍郎）以及 Staatssekretär（郎中），这些官职名称笔者也没有列明在各部项下，而是列在"省"以及"御史台"这两个部门之下。

笔者在翻译中所采取的上述处理方法自然有自己的短处。例如，中文名称的丞这个表述在后表中一次译为 Staatssekretär，另一次则被译成 Unterstaatssekretär 及 Rat。但是，由于"丞"这个名称由于历史和传统的原因，已经不具备特定独立意义，因此，在中文使用中如果没有相应的机构名称进行关联判断，是很难确定其具体职位的，这种现象与在欧洲是全然不同的。

（一）中央政务机构（Die höchsten Ehrenämter）

三师（Die drei kaiserlichen "Lehrer"）

太师	一位	1 Praeceptor tai-shih
太傅	一位	1 Tutor tai-fu
太保	一位	1 Curator tai-pao

三公（Die drei "Herzöge"）

太尉	一位	1 tai-wei
司徒	一位	1 ssu-tu
司空	一位	1 ssu-kong

省（Die Sheng-Ämter）

尚书省（Ministeramt）

尚书令	一位[①]	1 Ministerpräsident

---

① 该职位设置存续于唐高祖及其子高宗执政期间。在高宗之子继位后，出于尊敬的原因，不再设置该职位，而是由丞相及丞承担该职位的主要职能。

左右丞相（左右仆射） 各一位	1 Erster und 1 Zweiter Präsident
左右丞 各一位	1 Erster und 1 Zweiter Vizepräsident
左右司郎中 各一位	1 Erster und 1 Zweiter Staatssekretär
左右司员外郎 各一位	1 Erster und 1 Zweiter Unterstaatssekretär

门下省（**Staatskanzlei**）

侍中 两位	2 Präsidenten
黄门侍郎 两位	2 Vizepräsidenten
给事中 四位	4 Staatssekretäre
下设：	
a）常设属官	Abteilung der Ersten Kaiserlichen Berater
左散骑常侍 两位	2 Erste Kaiserliche Berater
谏议大夫 四位	4 Kaiserliche Ratgeber
起居郎 二位	2 Hofchronisten
b）城门局	Abteilun g für die Register der Palasttore
城门郎 四位	4 Abteilungssekretäre
c）符宝局	Abteilung für Staatssiegel
符宝郎 四位	4 Siegelbewahrer
d）宏文馆（或弘文馆）	Literatur-Akademie

学士和校书郎等	Wissenschaftliche Mitglieder und Professoren usw.

中书省（Staatssekretär）

中书令　两位	2 Präsidenten
中书侍郎　两位	2 Vizepräsidenten
中书舍人　六位	6 Staatssekretäre

下设：

a）常设属官	Abteilung der Zweiten Kaiserlichen Berater
右散骑常侍　两位	2 Zweite Kaiserlichen Berater
起居舍人　两位	2 Hofchronisten
通事舍人　十六位	16 Sekretäre
b）集贤殿书院	Palast-Bibiliothek
学士、史官等	Wissenschaftliche Mitglieder, Historiographen u.a.m.
c）瓯使院	Abteilung für den Eingabekasten
知瓯　一位	1 Abteilungsleiter

秘书省（Geheimes Staatsarchiv）

秘书监　一位	1 Präsident
少监　二位	2 Vizepräsidenten
丞　二位	2 Staatssekretäre
郎　四位	4 Unterstaatssekretäre
校书郎　八位	8 Räte

正字　四位	4 Korrektoren
下设:	
a）著作局	Abteilung für Inschriften
著作郎　两位	2 Staatssekretäre
佐郎　四位	4 Unterstaatssekretäre
b）太史局	Astronomische Abteilung
太史令　一位	1 Abteilungsleiter

殿中省（Kaiserliches Haushaltsamt）

殿中监　一位	1 Präsident
少监　两位	2 Vizepräsidenten
丞　二位	2 Staatssekretäre
下设六部门:	6 Abteilungen
尚食局	Nahrungsmittel（Küche）
尚药局	Artzneien
尚衣局	Kleidung
尚舍局	Wohnung
尚乘局	Gebrauchsgegenstände
尚辇局	Wagen
每部门一位或多位奉御	Je 1 oder mehrere
	Abteilungsleiter an der Spitze

内侍省（Inneres Palastamt）（Eunuchenamt）

内侍　四位	4 Obereunuchen
内常侍　六位	6 Erste Eunuchen

内给侍　八位　　　　　　　8 Zweite Eunuchen

御史台（Zensorat）

御史大夫　一位　　　　　　1 Präsident

中丞　二位　　　　　　　　2 Vizepräsidenten

侍御史　四位　　　　　　　4 Zensoren

殿中侍御史　六位　　　　　6 Palastzensoren

监察御史　十位　　　　　　10 Inspektionszensoren

六部（Die 6 Ministerien）

每部均设置：

尚书　一位　　　　　　　　Je 1 Minister

侍郎　一或二位①　　　　　Je 1 oder 2 Vizeminister

郎中　一或二位②　　　　　Je 1 oder 2 Staatssekretäre

员外郎　一或二位③　　　　Je 1 oder 2 Unterstaatssekretäre

郎中三位，担任各部门掌事④　Je 3 Staatssekretäre Leiter der Abteilungen

员外郎三位，担任各部门主管　Je 3 Unterstaatssekretäre als stellvertretende Leiter der Abteilungen

吏部（Beamtenministerium）

---

①　吏部、户部及兵部分设侍郎两位。

②　礼部和工部仅设郎中一位。

③　礼部仅设员外郎一位。

④　所有后文列出的六部中，其中第一个部门不设郎中或员外郎，而是直接受命于该部最高长官。

分设以下四部门：

a）吏部   Beamte

b）司封   Adelstitel

c）司勋   Ehrentitel

d）考功   Prüfungen

户部（Wirtschaftsministerium）（Ritenministerium）

分设以下四部门：

a）户部   Steuer und Landverteilung

b）度支   Finanzen

c）金部   Schatzamt

d）仓部   Getreidespeicher

礼部（Kultusministerium）（Ritenministerium）

分设以下四部门：

a）礼部   Riten

b）祠部   Opfer

c）膳部   Opfergaben

d）主客   Staatsgäste

兵部（Heeresministerium）

下设四部门：

a）兵部   Personalien

b）职方   Verteidigung, Landkarten u.a.m.

c）驾部   Kriegsgerät

d）库部   Magazine

刑部（Justizministerium）

下设四部门：

a）刑部　　　　　　　　　　Gesetze und Strafen

b）都部　　　　　　　　　　Sklavenwesen

c）比部　　　　　　　　　　Rechnungsprüfung

d）司门　　　　　　　　　　Pässe

工部（Ministerium für öffentliche Arbeiten；Arbeitsministerium）

下设四部门：

a）工部　　　　　　　　　　Öffentliche Arbeiten in der

　　　　　　　　　　　　　　Hauptstadt

b）屯田　　　　　　　　　　Militärkolonien

c）虞部　　　　　　　　　　Forsten

d）水部　　　　　　　　　　Wasserwege

九寺（Die 9 Ssu-Ämter）

各寺均设：

卿　一位　　　　　　　　　　Je 1 Präsident

少卿　二位　　　　　　　　　Je 2 Vizepräsidenten

丞　一至六位①（大理寺为正）　Je 1 bis 6 Staatssekretäre

令　一位　　　　　　　　　　Je 1 Direktor als Leiter für jedes

　　　　　　　　　　　　　　einzelne der Büros

---

①　光禄寺及宗正寺均设丞一位，太常寺、卫尉寺及大理寺各设丞两位，太仆寺、鸿胪寺及太府寺各设丞四位，司农司设丞六位。

太常寺（Amt für Staatsopfer）

下设十署：

a）两京郊社署（二署）	Tempek（2 Büros）
b）太庙署	Kaiserliche Ahnenhalle
c）诸陵署（九署）	Kaiserliche Grabanlagen（9 Büros）
d）太子庙署	Ahnenhalle des Thronfolgers
e）太乐署	Musik
f）鼓吹署	Trommel- und Blasinstrumenten-Musik
g）太医署	Medizin
h）太卜署	Divination
i）衣冠署	Kleidung
j）廪牺署	Opfertiere

此外，有时还设其他署

光禄寺（Amt für Bankette）

下设四署：

a）太官署	Speisen
b）珍馐署	Leckerbissen
c）良酝署	Getränke
d）掌醢署	Gewürze

卫尉寺（Waffenamt）

下设四署：

a—b）两京武库署　　　　　　Hauptstädtische Arsenale, je

eines in den beiden Hauptstädten

c）武器署　　　　　　　　　Kriegsgerät

d）守官署　　　　　　　　　Zelte

宗正寺（Kaiserliche Familienamt）

崇元署（或崇玄署）　　　　Büro für das Kaiserliche

Familienregister

太仆寺（Kaiserliches Wagenamt）

下设四署：　　　　　　　　4 Büros für

a）乘黄署　　　　　　　　　Staatswagen

b）典厩署　　　　　　　　　Pferde und Rinder

c）典牧署　　　　　　　　　Viehställe

d）车府署　　　　　　　　　Wagen der Prinzen

诸上牧监　　　　　　　　　Viehinspektorate

大理寺（Oberster Rechtshof）

设六丞　　　　　　　　　　6 Räte

鸿胪寺（Amt für Vasallenstaaten）

下设二署：　　　　　　　　2 Büros für

a）典客署　　　　　　　　　Staatsgäste

b）司仪署　　　　　　　　　Trauerfeiern

司农寺（Ackerbauamt）

下设四署：　　　　　　　　4 Büros für

a）上林署　　　　　　　　　Parks und Teiche

b）太仓署　　　　　　　　　　　Getreidespeicher

c）钩盾署　　　　　　　　　　　Holz

d）导官署　　　　　　　　　　　Getreide

京都苑及四面监掌事，此外，　　　Direktorate für die

有时还设其他署　　　　　　　　　hauptstädtischen Gärten und

　　　　　　　　　　　　　　　　zeitweise andere mehr

太府寺（Abgabenamt）（Schatzamt）

下设六署：　　　　　　　　　　　6 Büros für

a—b）两京都市署　　　　　　　　Die Märkte in den Hauptstädten

　　　　　　　　　　　　　　　　（je eines）

c）平准署　　　　　　　　　　　Amtlichen Handel

d）左藏署　　　　　　　　　　　Amtliche Vorratshäuser

e）右藏署　　　　　　　　　　　Wertsachen

f）常平署　　　　　　　　　　　Naturalabgaben

五监（Die 5 Chien-Ämter）

国子监（Kaiserliche Akademie）

祭酒　一位　　　　　　　　　　　1 Präsident

司业　二位　　　　　　　　　　　2 Vizepräsidenten

丞　一位　　　　　　　　　　　　1 Staatssekretär

下设六学：

a）国子学　　　　　　　　　　　Adelshochschule

国子博士　二位　　　　　　　　　2 Rektoren

助教　二位　　　　　　　　　　　2 Vizerektoren

b）大学   Hochschule der Hohen Beamten

大学博士　三位   3 Rektoren

助教　三位   3 Vizerektoren

c）四门学   Hochschule der Mittleren

     Beamten

四门博士　三位   3 Rektoren

助教　三位   3 Vizerektoren

d）律学   Rechtshochschule

律学博士　一位   1 Rektor

助教　二位   2 Vizerektoren

e）书学   Hochschule für Schrift

书学博士　二位   2 Rektoren

f）算学   Hochschule für Mathematik

算学博士　二位   2 Rektoren

少府监（Palastwekstätten）   **（Kaiserl. Manufaktur）**

监　一位   1 Präsident

少监　二位   2 Vizepräsidenten

下设五署，每署各设一位令：   5 Büros（Werkstätten） mit je

     einem Direktor als Leiter für

a）中尚属   Opfergeräte

b）左尚署   Wagen

c）右尚署   Sättel

d）织染署   Weben und Färben

e）掌冶署　　　　　　　　　　Kupferne und eiserne Geräte

不同时期还设其他监署：　　　und zeitweise andere mehr.

a）诸冶监　　　　　　　　　　Kupferne und eiserne Geräte in

den Provinzen （mehrere）

b）诸铸钱监　　　　　　　　　Münzwerkstätten （mehrere in

den Provinzen）

c）诸互市监　　　　　　　　　Handel mit den Barbarenländern

（mehrere）

军器监（Direktorat für Kriegsgerät）

监　一位　　　　　　　　　　1 Präsident

少监　一位　　　　　　　　　1 Vizepräsident

丞　二位　　　　　　　　　　2 Staatssekretäre

下设二署，每署各设一位令：

a）甲坊署　　　　　　　　　　Werkstätten für Panzer

b）弩坊署　　　　　　　　　　Werkstätten für Armbrüste

将作监（Direktorat für Palastarbeiten）

大匠　一位　　　　　　　　　1 Ingenieur-Präsident

少匠　二位　　　　　　　　　2 Vizepräsidenten

丞　四位　　　　　　　　　　4 Staatssekretäre

下设四署，每署各设一至二位

令：

a）左校署　　　　　　　　　　Architektenarbeiten

b）右校署　　　　　　　　　　Baumaterialien

c）中校署　　　　　　　　　　Schiffsbau

d）甄官署　　　　　　　　　　Steinmetzarbeiten

以下六监，每监各设一至二位令：

百工监、就谷监、库谷监、斜谷监、

太阴监、伊阳监

都水监（Hauptstädtisches Direktorat für Wasserwege）

都水监使者　二位　　　　　　2 Präsidenten

下设二署，每署各设一位令：　2 Büros mit je 1 Direktor

a）舟楫署　　　　　　　　　　Büros für Schiffverkehr

b）河渠署　　　　　　　　　　Büros für Wasserbauten und
　　　　　　　　　　　　　　　Fischerei

诸津令　　　　　　　　　　　Mehrere Vorsteher der Furten

（二）卫府（Die Militärischen Behörden）

南卫或十六卫（Die kaiserlichen Garden oder 16 Gardekorps）

十六卫包括：　　　　　　　　16 Gardekorps:

左右卫　　　　　　　　　　　Erste und Zweite Garde

左右骁卫　　　　　　　　　　Erste und Zweite Jao-Garde

左右武卫　　　　　　　　　　Erste und Zweite Wu-Garde

左右威卫　　　　　　　　　　Erste und Zweite Wei-Garde

左右领军卫　　　　　　　　　Erste und Zweite Ling-jun-Garde

左右金吾卫　　　　　　　　　Erste und Zweite Chin-wu-Garde

左右监门卫　　　　　　　　　Erste und Zweite Palasttor-Garde

左右千牛卫	Erste und Zweite Chien-niu-Garde
各设：	
大将军　一位	Je 1 Generaloberst
将军　两位	Je 2 Generäle
长史　一位	Je 1 Verwaltungschef
录事参军事　一位	Je 1 Kanzleirat
仓曹参军事　两位	Je 2 Intendanturräte
兵曹参军事　两位	Je 2 Kriegsräte
骑曹参军事　一位	Je 1 Pferderat
胄曹参军事　一位	Je 1 Waffenrat
左右卫下设五部门：亲府、勋一府、	Die Erste und Zweite Garde
勋二府、翊一府、翊二府	haben 5 Abteilungen mit
各设：	folgendem Personal:
中郎将　一位	Je 1 Generalleutnant
左右郎将　一位	Je 1 Generalmajor I. Klasse und
	1 Generalmajor II. Klasse
兵曹参军事　一位	Je 1 Kriegsrat
多名校尉与旅帅	Mehrere Oberste und Majore

骁卫、武卫、威卫、领军、金吾卫中，
各卫下设仅两个部门：左右翊中
郎将府，其人员设置与左右卫相
同。

监门卫和千牛卫虽未设下属部门，
但是人员设置与上述机构相同。

北卫（Die Armeen）

下设八部门：	8 Armeekorps
左右羽林军	Erste und Zweite Yu-lin-Armee
左右龙武军	Erste und Zweite Lung-wu-Armee
左右神武军	Erste und Zweite Shen-wu-Armee
左右神策军	Erste und Zweite Shen-tse-Armee
各设：	
统军 一位	Je Armeekommandant
大将军 一位	Je 1 Generaloberst
将军 两位	Je 2 Generäle
长史 一位	Je 1 Verwaltungschef
录事参军事 一位	Je 1 Kanzleirat
仓曹参军事 一位	Je 1 Intendanturrat
兵曹参军事 一位	Je Kriegsrat
胄曹参军事 一位	Je 1 Waffenrat

每军下设两翊府，

各设：

中郎将　一位　　　　　　　　Je 1 Generalleutnant

左右郎将　一位　　　　　　　Je 1 Generalmajor I. Klasse und

　　　　　　　　　　　　　　1 II. Klasse

兵曹参军事　一位　　　　　　Je 1 Kriegsrat

（三）东宫官（Der Hofstaat des Thronfolgers）

太子三师（Die drei "Lehrer"）

太子太师　一位　　　　　　　1 Praeceptor t'ai-tzu　t'ai-shih

太子太傅　一位　　　　　　　1 Tuor t'ai-tzu　t'ai-fu

太子太保　一位　　　　　　　1 Curator t'ai-tzu　t'ai-pao

太子三少（Die drei Junior "Lehrer"）

太子少师　一位　　　　　　　1 Junior-Praeceptor

太子少傅　一位　　　　　　　1 Junior-Tutor

太子少保　一位　　　　　　　1 Junior-Curator

太子宾客（Zeremonienmeister）

太子宾客　四位　　　　　　　4 Zeremonienmeister

太子詹事府（Die Hofverwaltung）

詹事　一位　　　　　　　　　1 Präsident

少詹事　一位　　　　　　　　1 Vizepräsident

丞　二位　　　　　　　　　　2 Staatssekretäre

太子司直　二位　　　　　　　2 Beamtenvorsteher

　　　　　　　　　　　　　　（Disziplinarbeamte）

太子左春坊（Erstes Sekretariat）

左庶子　二位	2 Präsidenten
中允　二位	2 Vizepräsidenten
司议郎　四位	4 Staatssekretäre
左谕德　一位	1 Senior Berater
左赞善大夫　五位	5 Ratgeber
下设六局及崇文馆：	Ihm unterstehen 6 Büros und die Akademie:
a）司经局	a）Bibliothek
洗马　二位	2 Direktoren
文学　三位	3 wissenschaftliche Mitglieder
b）典膳局	b）Küchenabteilung
典膳郎　二位	2 Direktoren
c）药藏局	c）Medikamentenabteilung
药藏郎　二位	2 Direktoren
d）内直局	d）Abteilung für Siegel, Kleisung u.a.
内直郎　二位	2 Direktoren
e）典设局	e）Badeabteilung
典设郎　四位	4 Direktoren
f）宫门局	f）Abteilung für die Palasttore
宫门郎　二位	2 Direktoren
崇文馆 [①]	Akademie des Thronfolgers

---

① 此与前述弘文馆相符。

| 学士　二位 | 2 wissenschaftliche Mitglieder |
| 校书　二位 | 2 Professoren |

太子右春坊（Zweites Sekretariat）

右庶子　二位	2 Präsidenten
中舍人　二位	2 Vizepräsidenten
舍人　四位	4 Staatssekretäre
右谕德　一位	1 Junior Berater
右赞善大夫　五位	5 Ratgeber
通事舍人　八位	8 Unterstaatssekretäre

太子内坊（Inneres Palastamt）（Eunuchenamt）

| 典内　一位 | 1 Präsident |
| 丞　二位 | 2 Staatssekretäre |

太子家令寺（Haushaltsamt）

家令　一位	1 Präsident
丞　二位	2 Staatssekretäre
下设三署：	3 Büros für:
a）食官署	a）Nahrungsmittel
b）司藏署	b）Magazine
c）典藏署	c）Getreidespeicher

太子率更寺（Familienamt）

| 令　一位 | 1 Präsident |
| 丞　一位 | 1 Staatssekretäre |

太子仆寺（Wagenamt）

| 仆　一位 | 1 Präsident |

丞　一位	1 Staatssekretäre
下设厩牧署：	Büro für Pferde
令　一位	1 Direktor

太子十率府（Die Garden des Thronfolgers）

太子左右卫率府	Erste und Zweite Wei-Garde
太子左右司御率府	Erste und Zweite Ssu-yü-Garde
太子左右清道率府	Erste und Zweite Ch'ing-tao-Garde
太子左右监门率府	Erste und Zweite Tor-Garde
太子左右内率府	Erste und Zweite Innere-Garde
各设：	Sie haben übereinstimmend:
率　一位	Je 1 Kommandeur
副率　二位	Je 2 Vizekommandeure
长史　一位	Je 1 Verwaltungchef
录事参军事　一位	Je 1 Kanzleirat
仓曹参军事　一位	Je 1 Intendanturrat
兵曹参军事　一位	Je 1 Kriegsrat
胄曹参军事　一位	Je 1 Waffenrat

卫率府下设亲府、勋府及翊府，各设：	
中郎将　一位	Je 1 Generalleutnant
左右郎将　一位	Je 1 Generalmajor I. Klasse und 1 Generalmajor II. Klasse

兵曹参军事　一位	Je 1 Kriegsrat

（四）亲王府（**Die Hofhaltungen der Prinzen**）

均各设：	Sie haben je:
傅　一位	1 "Lehrer"
资议参军事　一位	1 Berater
友　一位	1 Adjutant
文学　二位	2 Wissenschaftliche Räte
东（西）阁祭酒　各一位	1 Erate und 1 Zweite Zeremonienbeamter
长史　一位	1 Verwaltungschef
司马　一位	1 Stellvertretender Verwaltungschef
掾　一位	1 Erate Direktor
属　一位	1 Zweite Direktor
主簿　一位	1 Kanzleidirektor
记室参军事　二位	2Haustaltsräter
录事参军事　一位	1 Kanzleirat
功曹参军事　一位	1 Personalrat
仓曹参军事　一位	1 Intendanturrat
户曹参军事　一位	1 Wirtschaftsrat
兵曹参军事　一位	1 Kriegsrat
骑曹参军事　一位	1 Pferderat
法曹参军事　一位	1 Justizrat

士曹参军事　一位　　　　　　1 Baurat

亲王亲事府（Erste Prinzliche Garde）

典军　二位　　　　　　　2 Kommandeure

副典军　二位　　　　　　2 Stellvertretende Kommandeure

亲王帐内府（Zweite Prinzliche Garde）

典军　二位　　　　　　　2 Kommandeure und

副典军　二位　　　　　　Vizekommandeure wie oben

亲王国（Das Prinzliche Territorium）

国令　一位　　　　　　　1 Direktor

大农　二位　　　　　　　2 Vizedirektoren

尉　二位　　　　　　　　2 Verwaltungsdirektoren

（五）地方机构

府（Die Gouvernements der Hauptstädte und anderer wichtiger Städte）

包括：

a）西都，又称京兆，位于长安（初　　Die westliche Hauptstadt
称为雍州）

b）东京（今称洛州/河南）　　Die östliche Hauptstadt

c）北京（今为太原）　　Die nördliche Hauptstadt

此外下设：凤翔府、成都府、河中府、
江陵府、兴元府及兴德府

各设：

牧 一位	Je 1 Generalgouverneuer
尹 一位	Je 1 Gpuverneur
少尹 二位	Je 2 Vizegouverneure
司录参军事 二位	Je 2 Kanzleiräte
录事 四位	Je 4 Kanzleisekretäre
功曹参军事 二位	Je 2 Personalräte
仓曹参军事 二位	Je 2 Magazinräte
户曹参军事 二位	Je 2 Wirtschaftsräte
兵曹参军事 二位	Je 2 Kriegsräte
法曹参军事 二位	Je 2 Justizräte
士曹参军事 二位[①]	Je 2 Bauräte
经学博士 一位	Je 1 Studienrat
医学博士 一位	Je 1 Medizienalrat
典狱 十八位	Je 18 Grichtsbeamte

都督府（Die Generalgouvernements）

下设三级：

大都督府	Generalgouvernements I. Klasse

---

① 负责公共事务。

| 中都督府 | Generalgouvernements II. Klasse |
| 下都督府 | Generalgouvernements III. Klasse |

各设：

都督　一位	je 1 Generalgouverneur
别驾　一位	je 1 Vizegouverneur （nicht im Gen. Gouvernement I. Klasse）
长史　一位	je 1 Verwaltungschef
司马　二位	je 1 Stellvertretender Verwaltungschef
录事参军事　一至二位	je 1-2 Kanzleiräte
功曹参军事　一位	je 1 Personalrat
仓曹参军事　一至二位	je 1-2 Magazinräte
户曹参军事　一至二位	je 1-2 Wirtschaftsräte
兵曹参军事　一至二位	je 1-2 Kriegsräte
法曹参军事　一位	je 1 Justizrat
士曹参军事　一位	je 1 Baurat[①]

---

① 负责公共事务，其官职不属于下都督府。

市令 一位　　　　　　　　je 1 Direktor für die Märkte

经学博士 一位　　　　　　je 1 Studienrat

医学博士 一位　　　　　　je 1 Medizinalrat

典狱 十二至十六位　　　　je 12—16 Gerichtsbeamte

都护府（Die Generalprotektorate）

下设二级：

大都护府　　　　　　　　Generalprotektorat I. Klasse

上都护府　　　　　　　　Generalprotektorat II. Klasse

各设：

大都护 一位　　　　　　　je 1 Genralprotektor

都护 一位　　　　　　　　je 1 Protektor

副大都护 一位　　　　　　je 1 Vizegeneralprotektor

副都护 一至二位　　　　　je 1—2 Vizeprotektoren

长史 一位　　　　　　　　je 1 Verwaltungchef

司马 一位　　　　　　　　je 1 Stellvertretender Verwaltungchef

录事参军事 一位　　　　　je 1 Kanzleirat

功曹参军事 一位　　　　　je 1 Personalrat

仓曹参军事 一位　　　　　je 1 Magazinrat

户曹参军事 一位　　　　　je 1 Wirtschaftsrat

兵曹参军事 一位　　　　　je 1 Kriegsrat

法曹参军事　一位	je 1 Justizrat [①]

州（Die Provinzen）[②]

下设三级：

上州	Provinz I. Klasse
中州	Provinz II. Klasse
下州	Provinz III. Klasse

各设：

刺史　一位	je 1 Gouverneur
别驾　一位	je 1 Vizegouverneur
长史　一位（下州不设该职）	je 1 Verwaltungschef
司马　一位	je 1 Stellvertretender Verwaltungschef
录事参军事　一位	je 1 Kanzleirat
司功参军事　一位（下州不设该职）	je 1 Personalrat
司仓参军事　一位	je 1 Magazinrat
司户参军事　一至二位	je 1—2 Wirtschaftsräte
司兵参军事　一位（下州不设该职）	je 1 Kriegsrat
司法参军事　二位	je 2 Justizräte
司士参军事　一位（下州不设该职）	je 1 Baurat

---

① 仅隶属于上都护府。

② 州的设置在前文已有所提及。

典狱　八至十四位　　　　　　je 8—14 Gerichtsbeamte

市令　一位　　　　　　　　　je 1 Marktdirektor

经学博士　一位　　　　　　　je 1 Studienrat

医学博士　一位　　　　　　　je 1 Medizinalrat

县（Die Kreise）

下设六级：

a）京县　　　　　　　　　　Kreise in den Hauptstädten

包括：万年，长安，河南，洛阳，奉
先，太原，晋阳

b）畿县　　　　　　　　　　Kreise in Gebieten

　　　　　　　　　　　　　　der hauptstädtischen

　　　　　　　　　　　　　　Gouvernements

c）上县　　　　　　　　　　Kreise I. Klasse

d）中县　　　　　　　　　　Kreise II. Klasse

e）中下县　　　　　　　　　Kreise III. Klasse

f）下县　　　　　　　　　　Kreise IV. Klasse

各设：

令　一位　　　　　　　　　　je 1 Kreisvorsteher

丞　一位　　　　　　　　　　je 1 Stellvertretender

　　　　　　　　　　　　　　Kreisvorsteher [1]

---

[1]　京县设两名。

主簿　一位	je 1 Kanzleidirektor [1]
尉　一至六位	je 1—6 Kanzleidirektoren
司功佐　三位（该职仅设于京县）	je 3 Personalsekretäre
司仓佐　四位（该职仅设于京县）	je 4 Magazinsekretäre
司户佐　二至五位	je 2—5 Wirtschaftssekretäre
司兵佐　三位（该职仅设于京县）	je 3 Kriegssekretäre
司法佐　二至五位	je 2—5 Justizsekretäre
司士佐　四位（该职仅设于京县）	je 4 Bausekretäre
典狱　六至十四位	je 6—14 Gerichtsbeamte

镇（Die Garnisonen）

下设三级：

上镇	Garnisonen I. Klasse
中镇	Garnisonen II. Klasse
下镇	Garnisonen III. Klasse

各设：

将军　一位	je 1 General
镇副　一位	je 1 Vizekommandeur
兵曹参军事　一位	je 1 Kriegsrat

---

① 京县设两名。

仓曹参军事　各一位　　　　　　　je 1 Magazinrat

戍（Die Kommandanturen）

下设三级：上戍，中戍，下戍

各设：

戍主　一位　　　　　　　　　　je 1 Chef

副戍　一位（该职仅设于上镇）　je 1 Stellvertreter

关（Die Pass-Stationen）

下设三级：上关、中关、下关

各设：

关令　一位　　　　　　　　　　je 1 Vorsteher

丞　一位（下镇不设该职）　　　je 1 Rat

译 后 记

作为法律史外行人，有幸翻译宾格尔教授所著《唐法史源》一书，实属机缘巧合，翻译过程中亦诚惶诚恐，恐有错失。

关于本书翻译，有如下几点需要说明：

1. 译本节选。《唐法史源》初版于 1946 年，再版于 1996 年，由 Denis Twitchett 对初版内容进行了部分修正和补充，并撰写了前言。较之 1946 年版，除正文部分几处更正外，Denis Twitchett 在 1996 年版增加附录部分，附录一为 Laszlo Ladany, M. H. van der Valk, Ilse Martin 和 Fritz Jäger 撰写的四篇书评，附录二为宾格尔有关唐代法律史的其他三篇论文，附录三为《旧唐书》《新唐书》《唐会要》中文影印内容。为最大程度保留 1946 年版宾格尔所著《唐法史源》原貌，并同时保留 Denis Twitchett 在 1996 版正文部分的若干勘误，在征得 Steyler 出版社同意后，译本不翻译 Denis Twitchett 添加的附录部分，仅节选宾格尔所著正文部分。

2. 注释。原书采用注释连续排版方式印刷，译本统一为页下注，每页单排，并相应调整了注释序号。

3. 对原书卷三"索引和列表"部分进行了调整和部分删减。

译作得以成型，尤其感谢中国政法大学法律古籍整理研究所所长徐世虹教授慷慨提供翻译机会，亦难忘徐教授对译者回国初期在生活和工作上的种种帮助，感恩之情铭记在心。中国政法大学法律古籍整理研究所赵晶教授对翻译文稿悉心校对，在内容上进行了大量补充更正，没有他的专业指点，译作无法完成。中国台湾政治大学法学院陈惠馨教授和此书及宾格尔教授有诸多过往交错，陈教授亦一贯鼓励支持我翻译此书，鼓励我从法律史的角度切入中国民法的法律移植与法律继受研究，没有她的鼓励和推动，译者恐怕也早已放弃。感谢柴松霞副教授在文字上的精心修正以及内容上的专业意见，感谢苗鸣宇副教授在文本上的诸多建议和更正。中国政法大学古籍整理研究所聂雯同学亦通读全稿，在文字上和专业上有诸多宝贵建议。感谢德国明斯特大学 Reinhard Emmerich 教授和于宏博士在翻译以及版权事宜上的大力支持。我的老师米健教授为本书在商务印书馆出版提供了大量帮助，感谢老师每一次的帮助和支持。

　　本书翻译工作始于 2013 年笔者留德博士论文答辩期间，至 2014 年完成初译，2017 年交付出版社。期间经历了数次修改校对，其中，笔者挚友，两位民法学者姚明斌副教授和王蒙副研究员通读文本，在译本文字用语上提出了诸多宝贵意见，特此鸣谢。

　　感谢德国 Monumenta Serica Institute 无偿提供本书版权，感谢 Monumenta Serica Institute 总编魏思奇教授（Prof. Zbigniew Wesolowski）对本书版权及翻译事宜的慷慨支持。

　　特别感谢中国政法大学潘汉典教授耄耋之年仍口述本书序言，他和宾格尔教授的浓浓师生情令人动容。

　　翻译成文虽有幸得到众人帮助，但文责自负，错误之处由译者独立承担。

金晶

2021 年 1 月 18 日于北京

图书在版编目(CIP)数据

唐法史源/(德)卡尔·宾格尔著;金晶译.—北京:
商务印书馆,2023
ISBN 978-7-100-22173-3

Ⅰ.①唐… Ⅱ.①卡…②金… Ⅲ.①法制史—
研究—中国—唐代 Ⅳ.①D909.242

中国国家版本馆 CIP 数据核字(2023)第 047379 号

唐法史源

〔德〕卡尔·宾格尔 著

金晶 译

商 务 印 书 馆 出 版
(北京王府井大街 36 号 邮政编码 100710)
商 务 印 书 馆 发 行
北京艺辉伊航图文有限公司印刷
ISBN 978-7-100-22173-3

2023 年 6 月第 1 版 开本 850×1168 1/32
2023 年 6 月北京第 1 次印刷 印张 7⅝
定价:48.00 元